dtv
premium

Nikolaus Piper

Willkommen in der Wirklichkeit

Wie Deutschland den Abstieg vermeiden kann

Deutscher Taschenbuch Verlag

Originalausgabe
November 2004

www.dtv.de

Umschlagkonzept: Balk & Brumshagen
Umschlagfoto: © mauritius-images / Arthur
Satz: Greiner & Reichel, Köln
Gesetzt aus der Sabon 9,75 / 12,5'
Druck und Bindung: Kösel, Krugzell
Gedruckt auf säurefreiem, chlorfrei gebleichtem Papier
Printed in Germany · ISBN 3-423-24442-9

Inhalt

Wenn der Wind weht, bauen die einen Mauern.
Die anderen bauen Windmühlen.
Sprichwort

Unter Depressiven – statt einer Einleitung

Depression ist, medizinisch und psychologisch gesehen, eine »niedergedrückte, traurige Stimmung mit Gehemmtheit im Denken und Handeln, verbunden oft mit dem Rückgang zwischenmenschlicher Kontakte, Isolationsneigung und Leistungsabfall«. Wenn Menschen überhaupt kollektiv krank werden können, dann hat es die Deutschen erwischt: Sie leiden an einer schweren Depression. Wahrscheinlich war die Stimmung in Deutschland seit der Währungsreform 1948 noch nie so schlecht wie im Jahr 2004. Die einen fühlen sich von den Reformen der Agenda 2010 in ihrer materiellen Existenz bedroht. Die anderen sehen die Bedrohung in den steigenden Staatsschulden, in der Verlagerung von Arbeitsplätzen nach Tschechien und China und in den vielen Pleiten. Viele Kritiker finden, die Reformen gingen nicht weit genug und alles müsse noch viel schlimmer kommen, ehe sich die Dinge bessern, ehe sich das Land einen Ruck gibt.

Sicher, auch in früheren Zeiten hatte man Angst, und das durchaus mit gutem Grund: vor der Sowjetunion, vor einem Atomkrieg, vor der Zerstörung der Umwelt, vor dem Terrorismus. Doch diesmal scheint das Gefühl der Bedrohung fundamentaler. Die Globalisierung stellt die Bundesbürger in ihrem Selbstverständnis als erfolgreiche Wohlstandsnation in Frage, den Sozialstaat, den Lebensstandard, die Stellung in der Welt. Das Land befinde sich »in der Globalisierungsfalle«, es drohe »Wohlstand für niemand«, das Land sei ein »gefallener Superstar« und man fragt sich, ob es »noch zu retten« sei. So oder so ähnlich lauten die erfolgreichen Buchtitel der letzten Jahre.

Depression ist oft verbunden mit einem eklatanten Wirklichkeitsverlust des Patienten. Deutschland hat ein massives Wirtschaftsproblem, darin sind sich alle einig. Doch gleichzeitig macht sich auch unter Gebildeten ein tiefes Misstrauen gegen Ökonomen, gegen Ökonomisches schlechthin breit. Viele Menschen fühlen sich durch »die« Wirtschaft bedroht. Schlaglichtartig zeigte sich dies nach der Nominierung von Horst Köhler als Kandidat für das Amt des Bundespräsidenten. Für nicht wenige war die Tatsache, dass ein studierter Ökonom an der Spitze des Staates stehen sollte, ein Alarmsignal. Ökonomen sind unsozial, ignorant, kalt; sie wissen nichts von den Bedürfnissen der einfachen Menschen. Und so einer soll gerade jetzt an der Spitze des Staates stehen? Es genüge nicht, »den Zeitgeist des Ökonomismus mit all seinen Gemeinplätzen zu predigen und dies dann auch noch als Führungsrolle zu bezeichnen«, hieß es in einem Leserbrief an die *Süddeutsche Zeitung*, nachdem der Name Köhler bekannt wurde.

Bezeichnend auch der Erfolg, den das Anti-Globalisierungs-Buch der französischen Literaturkritikerin Viviane Forrestier seit Jahren hat. Der Titel lautet im französischen Original: *L'horreur économique*, also wörtlich: »Der wirtschaftliche Schrecken«. In der deutschen Übersetzung erfuhr der Titel eine kleine, aber entscheidende Zuspitzung: *Der Terror der Ökonomie*. Bezeichnend nicht minder, dass das gegen den Internationalen Währungsfonds gerichtete Buch des ehemaligen Chefökonomen der Weltbank, Joseph Siglitz, zuerst auf Deutsch erschien – noch vor dem amerikanischen Original. Letzteres hatte den Titel: *Globalization and its Discontents*, was gebildete Amerikaner und Briten an einen ganz ähnlich klingenden Buchtitel von Sigmund Freud erinnert: *Civilization and its Discontents*, was im deutschen Original heißt: *Das Unbehagen an der Kultur*. Stiglitz' Buch hätte man also am treffendsten genannt: »Das Unbehagen an der Globalisierung«, was der Verlag aber nicht machte. Er wählte, die Erwartung des deutschen Publikums vorwegnehmend: *Die Schatten der Globalisierung*. Das Buch wurde ein riesiger Erfolg.

Im Februar 2004 wurde in einem kleinen Theater in Brandenburg an der Havel das neue Stück des Dramatikers Rolf Hochhuth aufgeführt: *McKinsey kommt.* Hochhuth spielt darin ziemlich unverblümt mit dem Gedanken, ein Mord an Josef Ackermann, dem Chef der Deutschen Bank, könne irgendwie legitim sein. Der fällige Aufschrei der Empörung in der deutschen Öffentlichkeit ist bisher ausgeblieben.

Das Verdikt gegen das Ökonomische umfasst nicht nur Ökonomen, sondern auch Manager, Unternehmer, Wirtschaftspolitiker und Wirtschaftsredakteure. Die Kritiker lehnen die Ökonomie fundamental ab – so wie einige Gegner der Schulmedizin aus der Tatsache, dass es schlechte Ärzte gibt, den Schluss ziehen, ein abgeschlossenes Medizinstudium hindere einen daran, Krebs mit Aussicht auf Erfolg zu kurieren. Diese Einstellung ist insofern erstaunlich, als Deutschland, genauer: sein westlicher Teil, nach der Katastrophe von Nationalsozialismus und Krieg den Wiederaufstieg unter ökonomischen Vorzeichen begonnen hat: »Wir sind wieder wer«, dieser Satz machte sich am Erfolg, vor allem an dem der eigenen Währung, der D-Mark, fest. Die Bundesrepublik verstand sich als wirtschaftlicher Riese und politischer Zwerg. Große Politik überließ man Amerikanern und Franzosen, die Deutschen verlegten sich aufs Geldverdienen. Die moralischen Lasten der Vergangenheit und der Verlust an politischem Einfluss in der Welt wurden kompensiert durch ökonomische Potenz. Die Bundesrepublik identifizierte sich als Wirtschaftswunder und Wohlstandsgesellschaft; Demokratie und wirtschaftlicher Erfolg waren eins. Auch die Reintegration Deutschlands in die Welt geschah in erster Linie unter ökonomischen Vorzeichen, namentlich in Form der Europäischen Wirtschaftsgemeinschaft.

Irgendwann aber haben die Ökonomen in Deutschland die Deutungsmacht über ökonomische Sachverhalte verloren – wenn sie diese Macht über die öffentliche Meinung denn je hatten. Das Wirtschaftswunder zeitigte ein merkwürdiges Paradoxon: Der Erfolg der Sozialen Marktwirtschaft nach 1949 war so überwältigend, dass niemand über die Voraussetzungen dieses

Erfolgs nachdachte. Für die meisten Bundesbürger war der ökonomische Erfolg irgendwann eine Selbstverständlichkeit, so als habe er sich in den Genen der Westdeutschen verankert. Depressive erleben, ehe die Schwermut ausbricht, oft eine manische Phase: Ich bin der Größte, mir kann keiner.

Kein Wunder, dass der beispiellose und nicht ausreichend erklärte wirtschaftliche Erfolg Gegenreaktionen auslöste. Die Kinder des Wohlstands begannen in den sechziger Jahren gegen eben diesen Wohlstand zu rebellieren. Sie verachteten den »Konsumterror« und forderten die Neuverteilung der Reichtümer, wenn nicht gar den Abschied von der Wohlstandsgesellschaft. Insofern ist es schon ein merkwürdiges Zusammentreffen, dass Deutschland in seiner schwersten Wirtschaftskrise nach 1948 von Männern aus genau dieser Generation der Protestierer regiert wird: Gerhard Schröder, der seine Karriere als Vertreter der »Antirevisionisten« bei den Jungsozialisten begann, einer linken Gruppe, die an die Revolution glaubte und die Reformfähigkeit der Bundesrepublik verneinte. Oder Joschka Fischer, der sich in Frankfurt Straßenkämpfe mit der Polizei geliefert hatte. Oder Jürgen Trittin, der beim Kommunistischen Bund Nord gegen Atomkraftwerke und andere Übel des Kapitalismus gekämpft hatte. Bemerkenswert, dass diese Regierung nun, nachdem sie den Wählern das genaue Gegenteil versprochen hatte, tatsächlich einige Wirtschaftsreformen in Angriff genommen hat und dafür nun abgestraft wird.

Bezeichnend auch, dass Schröders Vorgänger als Bundeskanzler, Helmut Kohl, aus der Generation jener Bundesbürger stammte, die die Soziale Marktwirtschaft oder das, was sie darunter verstanden, noch kritiklos akzeptieren. Und dass er trotzdem der Bundesrepublik eine ökonomische Erblast hinterließ, deren Dimension den meisten bis heute nicht klar ist. Kohl kam 1982 ins Amt, weil der sozialdemokratische Kanzler Helmut Schmidt an den eigenen Leuten scheiterte, als er die zunehmenden Wirtschaftsprobleme des Landes lösen wollte. Kohl ging als Kanzler der Einheit in die Geschichte ein – zunächst als Förderer der europäischen Einigung, dann als derjenige, der den Deutschen die Einheit gebracht hat. Aber die ökonomischen Konsequenzen seiner politischen Entscheidungen konnte oder wollte er nicht bedenken – insofern durchaus seinem großen Vorbild Konrad Adenauer vergleichbar.

Der Schock der deutschen Einheit hat mit einer Verzögerung von vier Jahren aus den latenten Strukturproblemen der alten Bundesrepublik eine Wirtschaftskrise werden lassen. Die ökonomischen Fehler, die damals begangen wurden, belasten die Nation heute; sie sind der gewichtigste Einzelposten in der Bilanz der Lasten und Standortnachteile der deutschen Wirtschaft. Die Dimension der damaligen Fehler wird bis heute in der Öffentlichkeit nicht wahrgenommen, stattdessen sehen sich Ostdeutsche als Opfer der Westdeutschen und umgekehrt oder, schlimmer noch, als Opfer des Neoliberalismus, des Kapitalismus oder was auch immer.

Deutsche wähnen sich überhaupt gerne als Opfer. Der Rest der Welt verändert sich in rasantem Tempo: China ist in die Weltwirtschaft zurückgekehrt und erzielt derzeit die höchsten Wachstumsraten der Welt, Osteuropa entwickelt sich, die Produktivität in Amerikas Industrie wächst erstaunlich schnell. Aber die Deutschen klagen über ihr Schicksal. Und damit sind sie tiefer in einer unseligen deutschen Tradition verwurzelt, als den meisten bewusst ist.

Ökonomie ist eine Wissenschaft vom menschlichen Verhalten; zu ihr gehören ein paar einfache Sätze: Nichts ist umsonst, man kann dauerhaft nicht mehr ausgeben als man einnimmt. Ich kann nur so viel verdienen, wie andere Leute freiwillig für meine Arbeit bezahlen, es sei denn, ich sammle das Geld unter Androhung von Zwang ein. Und schließlich: Von freiwilligen Tauschbeziehungen profitieren immer alle Beteiligten. Ökonomie hat also mit Freiheit zu tun und mit Rechenhaftigkeit. Und genau gegen diese Kombination gibt es in Deutschland seit jeher eine tief verwurzelte Abneigung. Diese Aversion äußerte sich bereits im deutschen Kaiserreich in Form heftiger Gegenreaktionen gegen das, was man als freihändlerisch, krämerisch oder kurz: englisch empfand. Gustav von Schmoller, Gründer der Historischen Schule der Nationalökonomie, eines Sonderweges der Wirtschaftswissenschaft, den es nur in Deutschland gab, schrieb Ende des 19. Jahrhunderts, eine »Vernunft«, die nicht dem »Denkstil« des Volkes entspreche, sei unbrauchbar. Werner Sombart, ebenfalls ein Ökonom der Historischen Schule und kurzzeitiger Parteigänger der Nazis, schimpfte 1915 in seinem berüchtigten Pamphlet *Händler und Helden* über die Denkweise der Kriegsgegner Deutschlands im Westen: Der Leitgedanke der englischen Ethik sei es, gerecht zu sein, »auf dass es dir wohl ergehe und du lange lebst auf Erden«; dies betrachtete er als den »infamsten Spruch, den je eine Händlerseele hat aussprechen können«.

In der heute modern gewordenen Ökonomophobie glaubt man einiges vom Geiste Schmollers und Sombarts zu spüren, von der Vorstellung, die Vernunft müsse sich irgendeinem deutschen Denkstil anpassen. »Wir können doch nicht mit tschechischen Löhnen konkurrieren«, ist ein beliebter Satz in diesen Tagen. So als ob sich die Tschechen davon abhalten lassen würden, gute Arbeit zu niedrigem Preis anzubieten.

Die deutsche Aversion gegen die Ökonomie, die Weigerung, bestimmte unbequeme Tatsachen zur Kenntnis zu nehmen, ist das Thema dieses Buches. Alle wissen, dass Reformen nötig sind, mehr noch: Die wichtigsten Maßnahmen sind bereits vorgeschlagen, sie liegen auf dem Tisch und wurden zum Teil schon in anderen Ländern erprobt. Die Reformen werden aber nur zögernd umgesetzt, weil die Politiker den Widerstand der Bevölkerung fürchten und die Strafe der Wähler, wie es scheint, zu Recht. Die Demonstrationen gegen Hartz IV geben davon beredt Zeugnis. Alle lenkt die Angst vor der Veränderung. Die Reformen, die die Bundesregierung tatsächlich begonnen hat, gehen im unentwirrbaren Gestrüpp der Berliner Entscheidungsfindung unter. Das ist auch deshalb so, weil die Politiker es nicht schaffen, den Menschen eine Perspektive zu geben, weil sie, wie die Öffentlichkeit, ihren Denkfehlern verhaftet sind. Wenn Deutschland vorankommen soll, müssen diese Denkfehler beseitigt werden. Die Probleme Deutschlands wären relativ einfach zu lösen, wenn man den Zeitrahmen nicht zu eng spannt, wenn man die ökonomischen Realitäten zur Kenntnis nimmt. Und vor allem, wenn man die richtigen Schlüsse aus der simplen Tatsache zieht, dass die Deutschen nicht allein auf der Welt sind.

Die Stimmung im Land ist ambivalent; sie ähnelt auf verblüffende Weise dem Befund, den der Historiker Harold James für die Zeit der Weimarer Republik aufstellte. Die herrschende Elite damals sei, so schreibt er, »in höchstem Maße eingeschüchtert und unsicher und gleichzeitig zutiefst von ihrer eigenen Überlegenheit durchdrungen« gewesen. Eine gefährliche Mischung. Wer sich etwas Besseres dünkt und gleichzeitig unter Minderwertigkeitskomplexen leidet, der sucht schnell andere Schuldige für sein Elend: die Globalisierung, die Osteuropäer, die Ostdeutschen, die Westdeutschen, die Ausländer, die Amerikaner, das Wetter. Zu einem Stereotyp in wirtschaftspolitischen Diskussionen gehört seit einiger Zeit das Argument: »Aber wir wollen hier doch keine amerikanischen Verhältnisse. Wir sind doch eine Soziale Marktwirtschaft.« Das enthebt einen dann der Verpflichtung, selbst zu sagen, was denn Soziale Marktwirtschaft genau ist und was zu tun wäre, um diese Soziale Marktwirtschaft zu sichern.

Es ist an der Zeit, dass die Deutschen erkennen: Deutschland ist ein Land wie jedes andere und muss seine Probleme selbst lösen. Die Abfolge von politischem und wirtschaftlichem Schock und anschließender Reform haben auch andere Länder erlebt: Neuseeland geriet in die Krise, als das Mutterland Großbritannien der EG beitrat und die Neuseeländer den privilegierten Zugang ihrer Agrarprodukte zum britischen Markt verloren. Die Niederlande erlebten einen Schock, nachdem sie mit den Einnahmen aus ihren Erdgas-Funden den Sozialstaat maßlos ausgebaut hatten und dann feststellen mussten, dass sie dabei ihre eigenen Möglichkeiten weit überschätzt hatten. Finnlands Wirtschaft kollabierte, als die Sowjetunion zu bestehen aufhörte, mehrere skandinavische Staaten erlebten zu Beginn der neunziger Jahre eine schwere Bankenkrise. In allen Fällen leiteten die Regierungen eine entschiedene, mal mehr, mal weniger erfolgreiche Reformpolitik ein.

Die Deutschen sind in einer ähnlichen Situation und sie scheinen es jetzt – mit einiger Verspätung – zu merken.

Wir sind etwas Besonderes

Was ist der Unterschied zwischen Amerikanern und Deutschen? Beide, Amerikaner und Deutsche, glauben, dass sie etwas ganz Besonderes sind. Die Deutschen sagen: Wir sind einzigartig, niemand ist so wie wir. Die Amerikaner sagen: Wir sind einzigartig, alle sollen so sein wie wir.

Der Witz ist ungerecht, wie alle Witze, deren Pointe in vermeintlichen Nationaleigenschaften liegt. Und doch steckt ein Körnchen Wahrheit darin. Tatsächlich gehört es zum Selbstverständnis der meisten Amerikaner, dass ihr *way of life* irgendwie das Beste für alle Menschen in der Welt ist – eine Haltung, die häufig universalistisch, zuweilen aber auch missionarisch und unilateralistisch daherkommt. In der deutschen Geschichte findet sich dagegen als Konstante immer wieder der Glaube, *anders* zu sein, was zu Überheblichkeit ebenso wie zu Depressivität führen kann. Die Verwerfungen der Gegenwart sind nur zu verstehen, wenn man auch das geistig-moralische Erbe der Vergangenheit im Auge behält.

Eine Zeit lang schien der Glaube an die ökonomische Exzeptionalität der Deutschen gerechtfertigt. Der Wiederaufstieg Westdeutschlands nach dem Zweiten Weltkrieg hatte etwas von einem Wunder an sich. In der Bundesrepublik der fünfziger und sechziger Jahre lagen Wachstumsraten und die Investitionen höher als in den Nachbarländern; die Arbeitslosigkeit wurde viel schneller abgebaut als bei den Siegernationen des Zweiten Weltkriegs. Die D-Mark gewann als junge Währung in kürzester Zeit internationales Ansehen und Respekt. Westdeutschland hatte seinen festen Platz als drittgrößte Ökonomie der Erde. Die stabile Mark unterschied die Bundesrepublik von den Weichwährungsländern Italien, Frankreich, Großbritannien und auch den Vereinigten Staaten, deren Geld gegenüber der Mark regelmäßig an Wert verlor. Zwar warnte der Schöpfer des Wirtschaftswunders, Ludwig Erhard, immer wieder, das alles habe mit einem Wunder nichts zu tun, sondern sei harte Ökonomie. Aber solches einzusehen war von der Mehrheit der dem Krieg entkommenen Deutschen zu viel verlangt. Die freuten sich über ihre ersten Fernreisen ans Mittelmeer und anderswohin und über das schöne Geld, das sie dabei ausgeben durften, eine Haltung, die man später einmal »D-Mark-Nationalismus« nennen sollte: Wir trauten uns noch nicht so recht, stolz auf unser Land zu sein, aber Stolz auf unser Geld, der war erlaubt.

Das hatte ganz konkrete ökonomische Konsequenzen. Wer Geld hatte, der konnte davon ausgehen, dass die D-Mark in Zukunft immer relativ mehr wert sein würde, und das auch dann noch, als das Wirtschaftswunder bereits vorbei war und die Arbeitslosenraten zu steigen begannen. Für die Unternehmen bedeutete das: Geld und Kredite gab es zu deutlich günstigeren Konditionen als im Rest der Welt. Noch in den achtziger Jahren lag die Rendite von Staatsanleihen in Deutschland um fünf Prozentpunkte niedriger als in Frankreich. Gegenüber Portugal betrug der Zinsunterschied sogar 13 Prozentpunkte. Nach einer anderen Untersuchung waren selbst kurz vor der Einführung des Euro in den neunziger Jahren Kredite zwischen Banken in Deutschland real, also unter Abzug der Inflation, um einen Prozentpunkt günstiger als im Rest Europas. Das bedeutete: Der Staat, aber auch die Unternehmen konnten sich leichter verschulden als die Regierungen und Firmen anderer Länder. Kapital war billiger als anderswo, also konnte Arbeit teurer sein. Natürlich hat das damals niemand so gesagt, es ist ein Zusammenhang, der erst jetzt zu erkennen ist, zu einem Zeitpunkt, an dem es ihn nicht mehr gibt.

Der D-Mark-Nationalismus, das Gefühl, wir könnten uns mehr leisten als andere, hat sich fest in die politische Kultur der Bundesrepublik eingeprägt: Wir leisten uns einen besonders großzügigen Sozialstaat, wir leisten uns besonders viel Umweltschutz und wir sind in allem ein Vorbild für die Welt, auch wenn die Welt das vielleicht gar nicht so sieht. Nach und nach löste sich dieses Bewusstsein von den realen ökonomischen Grundlagen und wurde zu einer Form der Selbsthypnose: Wir sind etwas Besonderes. Das zeigte sich schon im Laufe der achtziger Jahre. Damals begann die Bundesrepublik ihre eigenen Wirtschaftsprobleme ernsthaft zu diskutieren. Ist der »Standort Deutschland« in Gefahr, fragten damals kritische Ökonomen, angeführt vom liberalen Institut für Weltwirtschaft in Kiel. Man sorgte sich um die Wettbewerbsfähigkeit des Landes und um die Zukunft vieler Branchen. Unternehmer und Verbände forderten von der Bundesregierung weit reichende Reformen.

Im Laufe des Jahres 1989 schien Bundeskanzler Helmut Kohl wegen der internen Kritik an seinem Wirtschaftskurs am Ende zu sein. Der wirtschaftsfreundliche Ministerpräsident von Baden-Württemberg, Lothar Späth, machte sich daran, Kohl zu stürzen – und zögerte dann doch im letzten Augenblick. Zwischen der Politik, die in der damaligen Bundeshauptstadt Bonn getrieben wurde, und den ökonomischen Realitäten gab es nicht mehr viel Verbindungen.

Doch dann kam der 9. November 1989. Die Berliner Mauer fiel und schon nach wenigen Wochen war klar, dass damit die deutsche Wiedervereinigung auf der Tagesordnung stand. Einheit in Frieden und Freiheit – das unverhoffte Geschenk der Geschichte – schien die Deutschen in ihrem Gefühl der Außergewöhnlichkeit zu bestärken. Welche andere Nation würde schon so eine Aufgabe schultern können? Auf quasi natürliche Weise würde Deutschlands Rolle als stärkste Volkswirtschaft in der Mitte Europas erneuert. Und aus diesem Glauben heraus wählte man den denkbar teuersten Weg zur Einheit. Warum auch nicht, wenn man es hat? In ihrer Selbsteinschätzung wurden die Deutschen noch durch die Reaktion ihrer europäischen Nachbarn bestärkt, die sich 1990 einen Moment lang vor einem starken, zu starken Deutschland fürchteten. Heute wissen sie längst, dass ihr wirkliches Problem das schwache Deutschland ist.

So verleiteten die Erfolge der Vergangenheit und die Gunst der Geschichte die Deutschen dazu, sich von der Wirklichkeit der Weltwirtschaft abzuschotten, und zwar gefährlich lange. Erst jetzt, in der zweiten Rezession seit dem Beitritt der DDR zur Bundesrepublik (die erste war in den Jahren 1993 und 1994), beginnt eine breitere Öffentlichkeit die Realität wahrzunehmen: Deutschland ist nicht mehr die am schnellsten, sondern eine der am langsamsten wachsenden Volkswirtschaften Europas, die Investitionen sind niedrig, im Vergleich der Leistungen stehen Deutschlands Schüler schlecht da, für qualifizierte Arbeitnehmer ist das Land unattraktiv geworden, nach dem Pro-Kopf-Einkommen der Bevölkerung fallen die Bundesbürger gegenüber anderen Nationen zurück. Alle spüren: Die Angst vor dem ökonomischen Niedergang ist alles andere als unbegründet.

Das Problem hat in den Köpfen begonnen. Das betraf schon das Wirtschaftswunder, die Grundlage des D-Mark-Nationalismus. Das Erfolgsrezept Deutschlands nach 1948 war die Soziale Marktwirtschaft – das ist heute, abgesehen von einigen Außenseitermeinungen, Allgemeingut. Aber die deutsche Öffentlichkeit hatte nie die Chance zu verinnerlichen, was das eigentlich ist, die Soziale Marktwirtschaft, worin ihr Konzept liegt und wie sie wirkt. Das zentrale Element der deutschen Wirtschaftspolitik nach 1949 war die Öffnung der Bundesrepublik für den Wettbewerb. Offene Märkte sind, wie der führende ordoliberale Ökonom der Freiburger Schule, Walter Eucken, schrieb, »konstituierendes Merkmal« einer Marktwirtschaft. Nicht alle Väter der Sozialen Marktwirtschaft waren Ordoliberale mit ihrer besonderen Betonung der Wettbewerbsordnung und der besonderen Rolle des Staates bei deren Sicherung. Aber eine Überzeugung teilten alle: Offenheit, der freie Zugang zum Markt für neue Unternehmen, führt dazu, dass etablierte Macht immer wieder von Außenseitern herausgefordert wird, Unternehmen müssen produktiver und besser sein als ihre

Herausforderer; sind sie es nicht, werden sie verdrängt. Diese Seite des Wettbewerbs wurde im Alltag vielleicht auch deshalb nicht beachtet, weil die Märkte der fünfziger und sechziger Jahre so genannte Verkäufermärkte waren: Die Deutschen hatten Nachholbedarf, die Leute rissen einem die Waren aus den Händen.

Für Ludwig Erhard, den ersten Bundeswirtschaftsminister, war klar, dass die Offenheit nicht an den Grenzen der Bundesrepublik aufhören konnte. Schritt für Schritt betrieb er die Öffnung, auch gegen politische Widerstände. Mehr noch: Das Bekenntnis zum freien Welthandel wurde, über die Parteigrenzen hinweg, zu einem integralen Bestandteil der Bonner Außenwirtschaftspolitik. Die Globalisierung war das Schicksal Deutschlands – bereits zu einer Zeit, in der noch niemand diesen Begriff kannte. Das fing 1950 an. In diesem Jahr, die junge Bundesrepublik war noch nicht einmal souverän, wurde die Europäische Zahlungsunion (EZU) gegründet. Die EZU ermöglichte einen von Beschränkungen weitgehend freien Handel in Westeuropa, obwohl die Währungen der beteiligten Staaten noch gar nicht frei tauschbar (konvertibel) waren; sie bestand im Wesentlichen aus einem System gegenseitiger Kreditlinien, so dass zwei Staaten weiter ex- und importieren konnten, auch wenn ihre bilaterale Handelsbilanz nicht ausgeglichen war. Die EZU ermöglichte den ersten großen Aufschwung im europäischen Handel und schuf die Grundlagen für die Exporterfolge der bundesdeutschen Industrie, von Volkswagen, Daimler-Benz, Siemens und anderen. Im Jahre 1958 erklärten 14 westeuropäische Staaten ihre Währungen für konvertibel, bereits im Jahr zuvor hatten die Bundesrepublik und fünf weitere Staaten die Römischen Verträge zur Gründung der Europäischen Wirtschaftsgemeinschaft (EWG) unterzeichnet. Jeder Schritt bedeutete ein Stück mehr Offenheit für die westdeutsche Wirtschaft.

Gleichzeitig öffnete sich die Wirtschaft auf globaler Ebene. Die Tatsache, dass die Bundesrepublik so schnell nach dem Zweiten Weltkrieg wieder ihre Chance in der Welt bekommen hat, hat auch damit zu tun, dass die Siegermächte, allen voran die Vereinigten Staaten, fest entschlossen waren, die Fehler, die sie nach dem Ersten Weltkrieg begangen hatten, nicht zu wiederholen. Die neue Ordnung sollte auf dauerhaften Prinzipien beruhen. Sicher hat die Bedrohung durch die Expansion des Kommunismus in Osteuropa und China diese Entschlossenheit befördert. Eine der Grundlagen der neuen Ordnung war ein freier Welthandel ohne Diskriminierungen.

Vor allem im amerikanischen Außenministerium war man sich sicher, dass der Zusammenbruch des Welthandels nach dem Börsenkrach von 1929 aus der Krise erst *die* große Weltwirtschaftskrise gemacht hatte. Wenn Faschismus, Nationalsozialismus und Kommunismus durch Protektionismus gefördert worden waren, dann würden sie auch durch das Gegenteil davon, nämlich Freihandel, einzudämmen sein. Deshalb rief der amerikanische Außenminister George Marshall den European Recovery Plan, den so genannten Marshall-Plan, ins Leben: Die großzügigen Geschenke sollten die Wirtschaft in Europa wieder in Gang setzen und die Europäer veranlassen, dem internationalen Warenaustausch zu vertrauen.

Um den freien Welthandel zu befördern schlossen 23 Staaten am 30. Oktober 1947 in Genf das Allgemeine Zoll- und Handelsabkommen (GATT), den Vorläufer der Welthandelsorganisation (WTO). Bereits am 1. Oktober 1951 trat die Bundesrepublik als 40. Mitgliedsstaat dem GATT bei. Auch dies zeigt, dass Offenheit und freier Handel von Anfang an die Existenzgrundlage der Bundesrepublik waren. Das GATT bereitete das vor, was man heute Globalisierung nennt; sie war politisch gewollt, weil die Politiker nach 1945 wussten, dass die Alternative dazu Armut, Unterentwicklung und Krieg gewesen wären. In insgesamt acht Verhandlungsrunden haben die GATT-Mitglieder Zölle auf einen Bruchteil der vorher üblichen Sätze gesenkt und andere Hindernisse für den Handel weitgehend beseitigt. In der so genannten Kennedy-Runde, die von 1964 bis 1967 dauerte, wurden die Zölle für Industrieprodukte um durchschnittlich 35 Prozent herabgesetzt.

Gleichzeitig war die Bundesrepublik ein Antreiber der europäischen Einigung. Das Motto der Bonner Politik war es seit den Zeiten von Konrad Adenauer, nationale Ziele auf europäischem Wege zu erreichen. Helmut Kohl teilte Adenauers europäische Träume, auch wenn er sich der ökonomischen Folgen nicht ganz bewusst war; und wenn doch, hat er daraus keine Konsequenzen gezogen. Kohl brachte jedenfalls bereits in den achtziger Jahren zusammen mit seinem Freund, dem französischen Staatspräsidenten François Mitterrand, und Jacques Delors, der 1985 Präsident der EU-Kommission geworden war, die ökonomische Integration einen großen Schritt voran. Dabei hatten die französischen Politiker eine viel klarere ökonomische Perspektive als die Deutschen. Die französische Linke, Sozialisten und Kommunisten, hatte nach dem historischen Wahlsieg Mitterrands im Mai 1981 kurzzeitig mit ihren traditionellen Instrumenten experimentiert: Verstaatlichungen und gewaltigen Ausgabenprogrammen. Das Experiment scheiterte, der französische Franc stürzte ab und Mitterrand vollzog einen radikalen Kurswechsel: Frankreich würde an ökonomischer Macht gegenüber dem dominierenden Amerika nur gewinnen, wenn es auf die europäische Karte setzte.

Diese klare Perspektive fehlte den Deutschen damals. Für Kohl war die europäische Integration eine Konsequenz aus der deutschen Geschichte, die deutschen Wirtschaftsführer sahen sich noch in einer Position der Stärke und die deutschen Intellektuellen betrieben Nabelschau.

Am 1. Juli 1987 trat die Einheitliche Europäische Akte in Kraft, ein Ereignis, das die meisten Bundesbürger kaum wahrgenommen haben. Tatsächlich war dies einer der wichtigsten Schritte der deutschen Nachkriegsgeschichte. Mit der EEA wurde beschlossen, bis 1993 einen einheitlichen Binnenmarkt in Europa zu schaffen, ohne Hindernisse für den freien Verkehr von Menschen, Waren, Dienstleistungen und Kapital. Das bedeutete nicht weniger, als dass Deutschland und die anderen Mitglieder der EG künftig keine Nationalökonomien beziehungsweise

Volkswirtschaften mehr sein würden. Niemand dachte damals daran, dass der Binnenmarkt viele althergebrachte Institutionen in Deutschland in Frage stellen würde, von den Sparkassen, den Landesbanken über die Handwerksordnung bis zu den herkömmlichen deutschen Autowerkstätten, die exklusiv an einen Hersteller gebunden sind.

Jacques Delors glaubte schon in den achtziger Jahren, dass ein einheitlicher Binnenmarkt am besten mit einer einheitlichen Währung funktioniert. Er belebte alte Pläne für ein gemeinsames europäisches Geld. Doch noch vor dem offiziellen Start des Binnenmarktes kam die deutsche Einheit, was der Währungsfrage eine zusätzliche politische Dimension verlieh: Das größere und, wie man irrtümlicherweise glaubte, stärkere Deutschland sollte in eine feste europäische Ordnung eingebunden werden. Das Opfer der D-Mark war, so sah man es in Paris, der Preis für die deutsche Einheit. Am 1. November 1993 trat der Vertrag von Maastricht über die Europäische Währungsunion in Kraft. Am 1. Januar 1999 wurde der Euro offiziell eingeführt, seit dem 1. Januar 2002 haben die Bürger die neue Währung als, wenig geliebtes, Bargeld in der Tasche.

Die Deutschen haben diese Öffnung der Welt gegenüber zunächst freundlich, dann desinteressiert und schließlich misstrauisch verfolgt. Anfangs gab es nur die schönen Seiten: Urlaubsreisen in ferne Länder, billige Waren, ausländische Restaurants, die die öde heimische Gastronomie belebten. Zwar ging schon in den siebziger Jahren die optische Industrie Deutschlands vor der japanischen Konkurrenz in die Knie, zwar verschwanden die meisten Arbeitsplätze in der Textil- und Bekleidungsindustrie ebenso wie in der Uhrenindustrie. Doch stillschweigend gingen die Bundesbürger weiter davon aus, dass sie nach der Rückkehr von ihrer Urlaubsreise wieder genau so würden leben können wie vorher, als die Grenzen noch geschlossen waren. Sie nahmen die Globalisierung als Konsumenten wahr, nicht aber als Produzenten. Die ökonomische Bedeutung dieser Öffnung wurde auch den Politikern in Bonn und

Berlin erst nach und nach klar: Grenzen werden zunehmend unwichtig, der Begriff »deutsche Wirtschaft« hat nur noch einen begrenzten Gehalt, ebenso wie die Bezeichnung »deutsches Unternehmen« oder das Markenzeichen »Made in Germany«.

Für den Grad, in dem eine Volkswirtschaft der Globalisierung ausgesetzt ist, gibt es ein einfaches ökonomisches Maß: Man zählt Exporte und Importe zusammen und setzt die Summe in Relation zur gesamten Wirtschaftsleistung, dem Bruttoinlandsprodukt (BIP). Dieser »Offenheitsgrad« lag im Deutschen Reich vor dem Ersten Weltkrieg bei rund 30 Prozent, ein vergleichsweise hoher Wert, der zeigt, dass Weltmarktintegration die deutsche Wirtschaft schon immer kennzeichnete. In der Nazizeit ging der Offenheitsgrad auf 11 Prozent zurück. Die Bundesrepublik startete 1949 bei 19 Prozent und steigert sich, Ausdruck des zunehmenden Wohlstands, bis 1991 auf 47,3 Prozent; danach ging der Offenheitsgrad als Ergebnis der deutschen Einheit noch einmal leicht zurück, auf 44,3 Prozent. Doch seither ist die Offenheit ständig gestiegen, auf 68,7 Prozent im Jahre 2003.

Vor dieser dramatischen Veränderung der Verhältnisse hat die deutsche Politik lange Zeit die Augen verschlossen. Am ehesten kann man die Bewegung der Globalisierungsgegner als eine Reaktion darauf verstehen, doch die missverstanden die Offenheit der Märkte als Bedrohung, vor allem für die Dritte Welt. Die Probleme, die die Menschen beschäftigten und vor denen sie Angst hatten – vom Terrorismus über den Klimawandel bis zum Eintritt Chinas in die Weltwirtschaft –, unterschieden sich in Deutschland zunehmend von denen in anderen Ländern. Beispiel Energiepolitik: Ein schönes Symbol für partiellen Wirklichkeitsverlust sind die Windenergieanlagen, die heute zwischen Nordseeküsten und Voralpenland die Landschaft verschandeln. Sie sollen den Anteil erneuerbarer Energiequellen an der Stromversorgung erhöhen und so einen Beitrag zur Klimapolitik leisten; tatsächlich sind sie ein hochsubventioniertes Experiment, das die deutsche Energiewirtschaft belastet und für die Energiebilanz nichts bringt. Deutschland als Krähwinkel.

Der frühere Präsident des Kieler Instituts für Weltwirtschaft, Herbert Giersch, einer der einflussreichsten Ökonomen der Bundesrepublik, schlug als Erster vor, nicht nur auf den Begriff *Nationalökonomie*, sondern auch auf den von der *Volkswirtschaft* zu verzichten. Die Nationalstaaten, die in der zweiten Hälfte des 19. Jahrhunderts in Europa entstanden, waren auch ein Versuch starker Interessengruppen, sich vor den Kräften der damaligen Welle der Globalisierung zu schützen. Dieser Schutzgedanke schlug schließlich in Allmachtsphantasien und Aggression um. Schließlich zerstörten die Nationalstaaten die alte Ordnung Europas, der Wohlstand nach dem Zweiten Weltkrieg aber entstand, als sich die Nationalstaaten selbst relativierten und sich der Globalisierung neu öffneten.

So offen wie heute waren die Grenzen noch nie; das ist nicht nur das Ergebnis politischer Entscheidungen, sondern auch des technischen Fortschritts: niedrige Transportkosten, der Computer, das Internet, Innovationen auf den Finanzmärkten. Das alles hat die Voraussetzungen für die nationale Politik radikal verändert. Der Irrtum der Globalisierungskritik liegt darin, zu glauben, die Politik sei dadurch entmachtet. Das ist nicht der Fall. Politik ist nur anspruchsvoller geworden. Giersch führte in die deutsche Debatte die Kategorie des Standorts ein: Es ist sinnlos, sich die Nation als einen behüteten Raum zu denken, in dem die Regierung tun oder lassen kann, was sie will. Der Begriff des Standorts macht die geographische Dimension des Themas viel klarer: Nicht nur ein Land, sondern Städte, Regionen und Landkreise stehen im internationalen Wettbewerb, wobei die Staatsgrenze ein Faktor unter vielen ist, aber sicher nicht der wichtigste. Inzwischen ist der Begriff des Standorts zu einem Allerweltswort im politischen Alltagsstreit geworden: Alle reden darüber, aber niemand weiß, was darunter eigentlich zu verstehen ist.

Mauerkoller

Der Plan war wunderbar: Im Jahre 2012 sollte Deutschland wieder einmal Gastgeber der Olympischen Spiele sein – vierzig Jahre nach den Spielen von München. Vier Städte bewarben sich um die deutsche Kandidatur: Düsseldorf, Frankfurt, Hamburg und Leipzig. In die Endausscheidung ging zur Überraschung vieler die ostdeutsche Regionalmetropole Leipzig. Die Stadt wollte die Herren vom Internationalen Olympischen Komitee mit einem überschaubaren Konzept, einer Olympiade der kleinen Wege überzeugen. Dass die Stadt die innerdeutsche Konkurrenz gewann, hatte aber ganz andere Gründe: Die Olympiade sollte Labsal sein für die ostdeutsche Seele, ein Stück innerdeutscher Regional- und Versöhnungspolitik. Doch es kam, wie die meisten Sportexperten vorausgesagt hatten: Leipzig schied bereits in der Vorrunde aus. Die Exekutive des IOC zeigte bei ihrer Abstimmung keinerlei Rücksicht auf deutsche Befindlichkeiten; die Delegierten blickten auf so nüchterne Dinge wie Straßen, die Kapazität des Flughafens und Hotelbetten und kamen zu dem Schluss, dass die Olympiade in einer der Metropolen der Welt doch besser aufgehoben wäre.

Dabei hätten die Deutschen vorgewarnt sein müssen. Für die Olympischen Spiele 2000 hatten sie das vereinigte Berlin ins Rennen geschickt, mit der Hoffnung, die Bilder vom Fall der Mauer, die Begeisterung über die friedliche Vereinigung Deutschlands könnten im IOC irgendeine Wirkung entfalten. Auch hier scheiterte die Bewerbung letztlich (die Spiele gingen dann nach Sydney) an harten Infrastrukturdaten, abgesehen davon, dass eine bizarre Bewegung alternativer Gruppen und Randalierer unter der Parole »Nolympics« für hässliche Bilder in der Welt sorgten.

Auf jeden Fall mussten die Deutschen erleben, dass die Welt sich lange nicht so sehr für sie interessierte wie sie selber.

Wie das ist, wenn eine große internationale Veranstaltung nach Deutschland kommt, hatte man schon im September 1988 erlebt. Damals tagten der Internationale Währungsfonds (IWF) und die Weltbank in Westberlin – zum ersten Mal seit Gründung der beiden Organisationen 1944 in Deutschland. Diese Weltwährungskonferenz findet regelmäßig am Sitz von IWF und Weltbank in Washington statt. Alle drei Jahre jedoch reist der Tross von Beamten, Bankern und Ökonomen in eines der Mitgliedsländer. Und damals war das drittgrößte IWF-Mitglied, die Bundesrepublik Deutschland, dran, eigentlich eine äußerst ehrenvolle Sache. Das Management der beiden Institutionen und die einladende Bundesregierung hatten dabei aber die Rechnung ohne die Besonderheiten der politischen Kultur Westberlins gemacht. Was auf den Weltwährungskonferenzen verhandelt wird, verstehen Laien und auch die meisten Fachleute nicht: Sonderziehungsrechte, Schuldenquoten, Kreditfaszilitäten. Die Einwohner Washingtons nehmen das Treffen im September meist nur als einen Jahrmarkt der Eitelkeiten wahr, bei dem viele wichtige Männer in dunklen Anzügen mit großen Limousinen die Stadt bevölkern und dafür sorgen, dass normale Menschen in den guten Restaurants keinen Platz mehr bekommen. Abgesehen von den Protesten einiger Umweltschützer und Dritte-Welt-Gruppen läuft die Konferenz meist als Routineveranstaltung ab.

In Westberlin war alles anders. Westberlins linke Öffentlichkeit rief zur Schlacht gegen den IWF und gegen die Weltbank auf. Grüne und andere linke Gruppen wollten friedlich demonstrieren (Parole: »IWF und Weltbank organisieren die Armut der Völker«). Aktivisten aus beiden großen Kirchen veranstalteten ein »Tribunal« gegen den IWF und die Weltbank. Der Heidelberger Theologe Ulrich Duchrow erklärte dabei den Widerstand gegen die kapitalistische Weltwirtschaft zum *casus confessionis*, zum Bekenntnisfall. Wer für die Marktwirtschaft eintrat, war für ihn ein Häretiker. Andere Theologen holten das alte kanonische Zinsverbot wieder hervor und forderten vor diesem Hintergrund einen radikalen Schuldenerlass. Unter den Demonstranten auf dem Kurfürstendamm sah man prominente Mitglieder der Grünen, darunter die damals einflussreiche Fundamentalistin Jutta Ditfurth und den späteren Staatsminister im Auswärtigen Amt, Ludger Volmer. Und dann gab es noch die Autonomen, die die Konferenz sprengen wollten. Was sie wirklich umtrieb, war nicht so leicht zu sagen, denn sie verzichteten weitgehend auf eine inhaltliche Begründung ihrer Krawalle. Am ehesten trifft auf sie die Bezeichnung aus dem gleichnamigen Film mit James Dean zu: *Rebels without a Cause*. Junge Menschen, die sich weigern erwachsen zu werden und daher ohne erkennbaren Grund rebellieren. »Kein Dialog mit den Weltbankmördern«, schmierte einer an die Wand der Technischen Universität von Westberlin.

Rebels without a Cause gab und gibt es in anderen Ländern ebenfalls. Aber noch nie zuvor haben sie das Gesicht, wenn auch nicht die Inhalte, einer internationalen Konferenz so sehr bestimmt wie 1988 in Westberlin. Es war ein Vorgeschmack auf spätere Anti-Globalisierungs-Krawalle in Seattle, Genua, Göteborg und anderswo. Man kann sich jedenfalls vorstellen, wie fassungslos die Experten aus IWF und Weltbank, meist introvertierte Naturwissenschaftler und Ökonomen, waren, wenn sie, ausgerechnet in Deutschland, Trupps von jungen Leuten skandieren hörten: »Weltbank verjagen, IWF zerschlagen ...«

Warum in Deutschland, warum in Westberlin und warum 1988, ein Jahr, ehe die Mauer fiel?

Der Dichter und Sänger Wolf Biermann schrieb, als er noch als ungelittener Protestierer in Ostberlin lebte, ein schönes und trauriges Lied über die Wirkung, die die Berliner Mauer auf die Menschen hatte. Der Anlass war seinerzeit, dass Florian, der Sohn seines Freundes, des Bürgerrechtlers Robert Havemann, aus der DDR in die Bundesrepublik geflohen war. In dem Lied (Titel: *Enfant perdu*) beklagt Biermann diese Flucht und singt dann:

Er war doch sonst kein Plattkopf
War helle unterm Haarschopf
Und hatte Herz und Witz.
Jetzt ist er meine Trauer
Jetzt hockt er hinter der Mauer
Und glaubt, dass er vor ihr sitzt ...

Wahrscheinlich würde Biermann dies Lied heute nicht mehr so schreiben. Erstens kandidierte Florian, der Sohn des DDR-Dissidenten Robert Havemann, 2002 für die postkommunistische PDS zum Bundestag, zweitens war Biermann selber gezwungen, die DDR zu verlassen, und drittens hat er schon lange aufgehört, ein idealistischer Kommunist zu sein. Trotzdem spiegelt sich in dem Lied über Florian Havemann sehr schön eine Realität, die die meisten Westdeutschen gerne verdrängen: Die Berliner Mauer hat nicht nur die Bürger der DDR vom Rest der Welt fern gehalten, sie beschränkte auch das Denken im Westen. Der Ost-West-Gegensatz schuf in Deutschland, wenigstens teilweise, eine Scheinwelt, aus der sich die Bundesbürger nach 1989 erst nach und nach verabschiedeten. Aus der Distanz machen sich die neunziger Jahre aus wie eine Phase, in der die Deutschen erwachsen werden mussten, in der sie lernten, dass der Sozialismus auch in seinen milden Formen keine Lösung für die Probleme der Menschheit ist und dass er es noch nie war. Dass das Zeitalter der nationalen Ökonomien vorbei ist und dass die Bundesrepublik umgeben ist von Ländern, deren Bürger nicht viel anders sind als sie selbst.

Für Sozialforscher war Westberlin vor dem Fall der Mauer so etwas wie ein Labor für die gesamte Bundesrepublik. Was hier ausprobiert wurde, wurde später dort praktiziert. Auch der partielle Realitätsverlust, der Deutschland bis heute plagt, hat viele Wurzeln im Westberlin der siebziger und achtziger Jahre. Man lebte progressiv in Kreuzberg, Schöneberg und Tiergarten, als die Mauer noch stand: Die bevorzugte Lebensform war die Wohngemeinschaft, man las Karl Marx, war solidarisch mit der

Dritten Welt, besetzte Wohnungen, fuhr Taxi. Das Lebensgefühl dieser Zeit lässt sich in den Comics von Gerhard Seyfried nachempfinden. Westberlin war eine Insel mitten in der DDR. In den sechziger Jahren noch hatte der Kalte Krieg am Checkpoint Charlie zwischen West- und Ostberlin in einen heißen Krieg umzuschlagen gedroht, doch diese gefährlichen Zeiten waren längst vorbei. In den siebziger und achtziger Jahren war die Insel gemütlich geworden: Jeder Westdeutsche konnte ungehindert in die ummauerte Stadt fahren, die Westberliner kamen problemlos heraus, die Kontrollen der DDR-Grenzer waren allenfalls lästig.

Dafür organisierten die progressiven Westberliner ihr eigenes wildes und gefährliches Leben im Puppenhaus. Studenten und Drop-outs lieferten sich Häuserkämpfe mit der Polizei, regelmäßig zum 1. Mai demolierten Autonome die Straßen Kreuzbergs, Intellektuelle trugen wilde Debatten um Metropolen, die Peripherie und den Kapitalismus aus. Und so wie die jungen Deutschen in Kreuzberg und Schöneberg den Bezug zur Realität verloren, so verlor ihn die Bundesrepublik insgesamt.

Jedenfalls unterschied sich die Wahrnehmung der jungen Deutschen fundamental von der in der Welt um sie herum. In den Vereinigten Staaten begann die Deregulierung der Wirtschaft, erst unter Präsident Jimmy Carter, dann unter Ronald Reagan. Aus dem nationalen Telefonmonopol in Amerika wurde ein normaler offener Markt – Vorbild für andere Länder und erster Schritt zu einer dramatischen Senkung der Kommunikationskosten in der Welt. Ähnlich wirkte die Liberalisierung des Luftverkehrs, als dessen Spätfolge heute Billiganbieter Flugtickets von München nach London für 15 Euro anbieten. Premierministerin Margaret Thatcher brach in Großbritannien die Macht der Gewerkschaften und schuf die Grundlagen dafür, dass London heute der unbestrittene Finanzplatz Nummer eins in Europa ist. Ohne den Urknall der Liberalisierung, den Thatcher der City von London verordnete, wäre es kaum vorstellbar, dass das wichtigste Geschäft der Deutschen Bank, das Investmentbanking, heute de facto aus der britischen Hauptstadt geführt wird. Frankreich orientierte seine Wirtschaftspolitik neu – der erste Schritt zur Schaffung des europäischen Binnenmarkts. China machte seine ersten Schritte zurück auf den Weltmarkt, Management-Methoden aus der japanischen Autoindustrie wurden nach Amerika und Großbritannien exportiert. In Polen ließ die Oppositionsbewegung »Solidarnosc« ahnen, dass es mit dem Kommunismus allmählich zu Ende ging.

In Deutschland stritt man sich währenddessen um eine routinemäßige Volkszählung; linke Gruppen riefen zu deren Boykott auf, weil sie eine Kontrolle der Bevölkerung im Sinne von George Orwells *1984* fürchteten. Gleichzeitig genossen totalitäre Bewegungen aus der Dritten Welt unverändert Sympathie bei deutschen Intellektuellen. Großdemonstrationen richteten sich gegen Kernkraftwerke, atomare Endlager und eine Wiederaufbereitungsanlage für abgebrannte Kernelemente. Zwei legendäre Großkundgebungen gegen Nachrüstung der Nato mit Mittelstreckenraketen zeigten, dass die Deutschen vor den Raketen der Amerikaner mehr Angst hatten als vor denen der Sowjetunion. Die Solidarität mit den unterdrückten polnischen Oppositionellen hielt sich dagegen in engen Grenzen. Wichtiger war eine diffizile Änderung des Arbeitsförderungsgesetzes, gegen die die Gewerkschaften aufbegehrten, weil die Gesetzesnovelle sie daran hindern sollte, auf Kosten der Sozialkassen Streiks zu organisieren. Im Frühjahr 1989, ein halbes Jahr vor dem Zusammenbruch der SED-Herrschaft, diskutierte der damalige rotgrüne Senat in Westberlin allen Ernstes darüber, ob man die Zahl der Flüge zwischen Berlin-Tegel und dem Bundesgebiet nicht verringern könnte – aus Umweltgründen. Heute, 15 Jahre danach, steht der Neubau eines Flughafens für die deutsche Hauptstadt immer noch in den Sternen.

Westberlin hatte sich währenddessen in seiner Insellage bequem eingerichtet. Die Mauer hielt die raue Welt von den Westberlinern ab, sie konnten sich als Metropole fühlen, mussten aber die Aufgaben einer solchen nicht übernehmen, schließlich übten ja Amerikaner, Briten und Franzosen eine wohlwollende Oberherrschaft über die Teilstadt aus. Und nicht zu vergessen die Rolle des westdeutschen Steuerzahlers. Im Jahre 1989 stammte jede zweite Mark des Westberliner Landeshaushalts von rund 25 Milliarden Mark aus Bundesmitteln, in Westberlin war seit 1950 die Einkommen- und die Umsatzsteuer ermäßigt, seit 1959 gab es eine Sonderabschreibung und im Jahr 1962, ein knappes Jahr nach dem Bau der Mauer, führte der Bund eine Investitionszulage von zehn Prozent ein. Schließlich mussten junge Westberliner nicht zur Bundeswehr, denn die Teilstadt gehörte ja offiziell nicht zur Bundesrepublik, sondern unterlag dem Besatzungsstatut, was sie auch für junge Männer aus Westdeutschland sehr attraktiv machte.

Es war sicher ein Zufall, aber doch bezeichnend, dass sich im Frühjahr 1988, also ein halbes Jahr vor der Kampagne gegen IWF und Weltbank, eine große Protestkoalition von Unternehmern und der CDU über die SPD und die Gewerkschaften bis hin zur Alternativen Liste im Abgeordnetenhaus gegen die Bundesregierung gebildet hatte. Der Grund: Die Regierung wollte zur Finanzierung einer Steuerreform die Berlin-Zulage streichen und so 800 Millionen Mark einsparen. »Berlin-Zulage weg – Arbeitsplätze weg« behaupteten die vereinten Protestierer.

In der subventionierten Idylle gedieh ein besonderes Soziotop, ein unverwechselbares geistiges Klima. Viele Westdeutsche, die nach Berlin zogen, zeigten nach einiger Zeit Symptome eines psychischen Ausnahmezustands, für den sich ein Begriff eingebürgert hatte: Mauerkoller. Wer den Mauerkoller hatte, der schien es nicht mehr auszuhalten, an allen Enden der Stadt ein mit Graffiti beschmiertes, unüberwindliches Ungetüm zu sehen, er litt unter partiellen Wahrnehmungsstörungen, wurde seinen Freunden gegenüber unausstehlich und verhielt sich auch sonst sonderbar. Nach einiger Zeit legte sich der Mauerkoller – der erste Schritt, um aus dem Zuzügler einen echten Westberliner zu machen.

Selbst die Politik in Westberlin war besonders. Die politische

Klasse bestand, wie in anderen Kleinstaaten auch, aus vielleicht hundert Leuten, die sich alle untereinander kannten, mit ihren Stärken, ihren Marotten und ihren finanziellen Bedürfnissen. Die Korruption in Westberlin war ebenso notorisch wie die schlechte Qualität der Politik. Nach dem Ende des Krieges hatte die Stadt einige legendäre Regierende Bürgermeister: Louise Schröder, Ernst Reuter, Willy Brandt. Doch schon 1966, als Brandt als Außenminister einer Großen Koalition nach Bonn ging, begann der Abstieg. Typisch für Berlin war Eberhard Diepgen, ein CDU-Studentenfunktionär, der nie im wirklichen Leben stand, dafür aber, mit Unterbrechungen, zehn Jahre als Regierender Bürgermeister erst die Teilstadt und dann das vereinigte Berlin regierte.

Westberliner Politiker erfanden nach der Wiedervereinigung die Berliner Bankgesellschaft, eine merkwürdige Mischung aus öffentlicher und privater Bank, die sich ihren zweifelhaften Ruhm dadurch erwarb, dass sie Subventionen für den Aufbau Ost zum Erwerb von Immobilien in die Taschen Westberliner und westdeutscher Politiker lenkte. Sie wäre längst pleite, hätte nicht der Senat die Haftung für 22 Milliarden Euro Risiken auf sich genommen. Da Berlin selbst auch praktisch pleite ist, kommt dies einem Geschäft zu Lasten Dritter, nämlich der gesamtdeutschen Steuerzahler, gleich. Ein Modell subventionierter Verantwortungslosigkeit für die gesamte Republik.

Berlin war pleite, aber es beschäftigte sich hingebungsvoll mit sich selbst. Der Terminus der »Berliner Republik« wurde geprägt. Schließlich war die vereinigte Stadt Bundeshauptstadt geworden, und mit viel Perfektionismus und noch mehr Geld wurde hier jetzt ein neuer Regierungssitz gebaut: Der Reichstag bekam eine gläserne Kuppel, ein neues Kanzleramt entstand, viele neue Ministerien, Bahnhöfe, Straßen und Plätze wurden gebaut. Die Berliner Stadtregierung, der Senat, stand vor der Aufgabe, beide Stadthälften administrativ zu vereinigen. Zwar gelang es mit atemberaubendem Tempo, die getrennten U-Bahn-Netze in Ost und West wieder zusammenzufügen, aber gleichzeitig glaubte man im Senat, so weitermachen zu können wie bisher. Und als eine mutige Finanzsenatorin, die Sozialdemokratin Annette Fugmann-Heesing aus Hessen, einen harten Sparkurs verordnen wollte, um die Stadt vor der Pleite zu retten, wurde sie vom alten Establishment in SPD und CDU aus der Stadt gemobbt. Man verschloss die Augen vor der Wirklichkeit und hoffte, dass notfalls der Bund und die anderen Bundesländer einspringen würden. Fast erscheint es als Treppenwitz der Geschichte, dass ausgerechnet ein Senat aus SPD und der SED-Nachfolgepartei PDS in Berlin ernsthaft mit dem Sparen beginnt und Berlin in die Realität zurückgeholt hat. Berlin als Modell für die gesamte Republik: eine Rückkehr mit einem Jahrzehnt Verzögerung.

1:1 – ein Rausch

Wenn sich die Eliten eines Landes geistig derart abschotten, dann ist es kein Wunder, dass der plötzliche Einbruch der Realität in die eigene Idylle zum Desaster gerät. So erging es den Deutschen mit dem Ende des Kommunismus und der eigenen nationalen Einheit. Die Deutschen haben die Einheit gewonnen und dabei ihre eigene wirtschaftliche Zukunft aufs Spiel gesetzt. Um zu begreifen, wie es so weit kommen konnte, ist ein Blick auf die deutsche Geschichte notwendig, genauer: auf das Drama der Einheit Deutschlands.

»Freiheit, Gleichheit, Brüderlichkeit«, das ist der Dreiklang der Französischen Revolution und der französischen Republik bis heute. Die amerikanische Verfassung garantiert ihren Bürgern »Leben, Freiheit und das Streben nach Glück«. Der Dreiklang der deutschen Nationalhymne dagegen ist »Einigkeit und Recht und Freiheit«. Der besondere Akzent im »Lied der Deutschen« von Hoffmann von Fallersleben zeigt, wie sehr das Thema der Einigkeit und Einheit die Deutschen im Prozess ihrer Nationwerdung begleitet hat. Vorrangiges Ziel der Liberalen während der gescheiterten Revolution von 1848 war es, das in Königreiche, Grafschaften, Herzogtümer und Freie Städte zersplitterte Deutschland zu einen. In der Präambel zur Weimarer Verfassung von 1919 war die Rede vom »deutschen Volk, einig in seinen Stämmen«. Und nach 1949 war das proklamierte Ziel der Bonner Politik die Überwindung der Spaltung Deutschlands »in Frieden und Freiheit«; das Ziel wurde genau in dem Augenblick erreicht, als niemand mehr daran glaubte. Erst demonstrierten die DDR-Bürger in Leipzig unter der Parole »Wir sind *das* Volk«; dann wurde daraus: »Wir sind *ein* Volk«.

Die Frage der Einheit hat auch eine ökonomische Komponente: Das Bonner Grundgesetz gibt als Ziel die »Einheitlichkeit der Lebensverhältnisse« im Bundesgebiet vor. Damit ist schon in der Verfassung ein inhärenter Widerspruch angelegt: Einerseits ist die Bundesrepublik ein föderaler Staat, was ja eine gewisse Eigenständigkeit und daher auch Unterschiedlichkeit der Gliedstaaten impliziert, andererseits erhebt das Grundgesetz in Artikel 106 das Gegenteil, nämlich die Einheitlichkeit, zur Norm.

Der Ökonom Herbert Giersch hat sich eingehend mit den Gefahren befasst, die die Ideologie der Einheitlichkeit birgt. Giersch prägte den Begriff von den »Populisten der Einheit des Raumes«, womit er jene Politiker, Gewerkschafter und Arbeitgeberfunktionäre meinte, die die Meinung vertreten, dass in einem Staatsgebiet überall der gleiche Lohn für die gleiche Arbeit gezahlt werden muss, dass die Straßen gleich gut, die Fußgängerzonen gleich ausgebaut und die Steuern gleich hoch sein müssten. Innerhalb einer Nation mag es zwar eine gewisse Standardisierung geben, etwa durch die gemeinsame Kultur der Bürger, durch einen einheitlichen Rechtsrahmen oder durch zentral bereitgestellte Infrastruktur. Wenn aber der Wettbewerb durch zu strenge Normen und Gesetze innerhalb des Landes unterbunden wird, dann leiden die schwächsten Glieder des Landes; im Zweifelsfall sucht sich die Industrie eben die Bedingungen im Ausland, die sie im Inland nicht findet.

Am eklatantesten zeigte sich der Populismus der Einheit im Raum bei der deutschen Wiedervereinigung. Die Deutschen in Ost und West waren auf dies Ereignis überhaupt nicht vorbereitet. Das sollte man ihnen nicht vorwerfen. Wahrscheinlich wäre es den Koreanern, wenn sie plötzlich die Chance zur Vereinigung bekommen hätten, auch nicht anders gegangen. Wohl aber muss man den Eliten Westdeutschlands vorwerfen, dass sie nicht reagiert haben, als die Dimension der eigenen Fehler sichtbar wurde. Natürlich haben die Bürger der ehemaligen DDR nicht nur die politische Einheit, sondern auch die ökonomische Einheitlichkeit im Auge gehabt, als sie die D-Mark und die Vereinigung mit der Bundesrepublik verlangten. Das ist verständlich, schließlich waren die Konsumwelten, die ihnen das Westfernsehen vorführte, in den Jahren der Teilung ihr wesentlicher Bezug zur kapitalistischen Realität im Westen gewesen. Das ändert aber nichts an den Konsequenzen. Wegen der wirtschaftlichen Fehler, die nach 1990 begangen wurden, sehen sich Ost und West jeweils als Opfer der Einheit. Beide Seiten haben auch Recht, nur ein wenig anders als sie meinen.

Die neuen Bundesländer wirken heute wie ein Mühlstein am Hals der alten; beide drohen unterzugehen. Das ist nicht die Schuld der Ostdeutschen, aber es nützt auch nichts, wenn man diese Tatsache aus Rücksicht oder Feigheit verschweigt. Der für den Aufbau Ost offiziell zuständige Verkehrsminister Manfred Stolpe verwahrte sich vor dem Bundestag dagegen, dass die Westler die Milliardenbeträge für den Osten »aufrechneten«, denn dies sei als Vorwurf zu werten. Ein kapitales Missverständnis: Nur wer rechnet, kann seine Handlungen verbessern, Nichtwissenwollen und Nichtrechnen ist keine Methode, um mit der Wirklichkeit umzugehen.

Nach der Revolution in der DDR tauchte auf den Straßen Leipzigs, Dresdens und Ostberlins irgendwann die Parole auf: »Deutschland, einig Vaterland« – eine Zeile aus der Nationalhymne der DDR, die damals subversiv wirkte. Und wenig später, nachdem Helmut Kohl der Führung in Ostberlin eine Wirtschafts- und Währungsunion angeboten hatte: »Kommt die D-Mark zu uns, bleiben wir, kommt sie nicht, gehen wir zu ihr.« Man kann sich heute fragen, ob die sanfte Erpressung, die hinter dieser Parole stand, wirklich Substanz hatte. Ob sich also ohne die Währungsunion die DDR entvölkert hätte, jedenfalls in stärkerem Ausmaß, als dies jetzt ohnehin der Fall ist. Als Deutschland am 3. Oktober 1990 vereinigt war, fand das *Wall Street Journal* eine sehr einprägsame Formel für den ökonomischen Kern der Vereinigung: »Die Westdeutschen haben Ostdeutschland annektiert und bezahlen dessen Einwohner jetzt dafür, dass sie westdeutsche Waren kaufen.« Die Formulierung ist nur wenig überspitzt. 4,6 Prozent ihres Bruttosozialprodukts zahlt die alte Bundesrepublik heute kontinuierlich an die ehemalige DDR, 85 Milliarden Euro jedes Jahr, seit 1990 schon insgesamt 1,26 Billionen Euro. Das Geld fließt zum größten Teil nicht in Investitionen, sondern in den Konsum, eben in den Kauf westdeutscher Waren, genauer: in Waren und Dienstleistungen aus aller Welt, einschließlich Fernreisen. Natürlich gibt es auch positive Beispiele im Aufbau Ost, wo die Subventionen wirklich nachhaltige Ergebnisse gezeitigt haben: im Chemiedreieck Bitterfeld, in Jena und in der Hightech-Region Dresden. Der gesamtwirtschaftliche Nutzen der Milliarden ist aber erschreckend niedrig geblieben. Im Jahr 1991 lag die Wirtschaftsleistung pro Kopf in Ostdeutschland bei 33,4 Prozent des westdeutschen Niveaus. Danach gab es einen kurzen Aufholprozess, doch seit 1996 stagniert der Osten bei rund 62 Prozent des westlichen Bruttoinlandsprodukts (BIP) pro Kopf; 2003 gab es einen Anstieg auf 63,9 Prozent, aber das war eher ein Ausdruck westlicher Schwäche als östlicher Stärke.

Aufschlussreich ist auch eine andere Rechnung. Die Vereinigten Staaten haben 2004 voraussichtlich ein Leistungsbilanzdefizit von fünf Prozent des Bruttoinlandsprodukts, das heißt: Die Amerikaner verbrauchen über fünf Prozent mehr als sie selbst erwirtschaften. Darüber sind Ökonomen besorgt, obwohl bisher ausländische, vor allem japanische und chinesische Kapitalbesitzer das Problem dadurch gelöst haben, dass sie ihr Vermögen in den USA angelegt haben. Das inoffizielle Leistungsbilanzdefizit der neuen Bundesländer liegt dem gegenüber bei ungefähr 45 Prozent, wie das Münchner Ifo-Institut errechnet hat. Das Defizit taucht in keiner Statistik auf, weil es keine ostdeutsche Zahlungsbilanz gibt, an den realökonomischen Zusammenhängen ändert das jedoch nichts: Die Ostdeutschen erwirtschaften nur etwas mehr als die Hälfte dessen, was sie verbrauchen. Die Differenz kommt aus Westdeutschland, aber nicht, wie im Fall der Vereinigten Staaten, als renditesuchendes Kapital, sondern als Subvention und öffentliche Transfers, die, wie gesagt, vor allem in den Konsum der Bürger gehen. Es entstehen keine neuen Werte, die Misere wird nur verwaltet. Im italienischen Mezzogiorno, wo die Wirtschaftspolitik Roms ebenfalls massive Fehler begangen hat, liegt das Defizit bei schätzungsweise 25 Prozent.

Der Umbruch in der DDR wurde durch den Wunsch der DDR-Bürger ausgelöst, wie im Westen zu leben. Aller sozialistischen Ideologie zum Trotz blieb die Bundesrepublik die Referenzgröße der Ostdeutschen. Über das Fernsehen waren der Westen und seine Warenwelten in den meisten DDR-Haushalten präsent. Aus historischen und Prestigegründen rechnete die DDR-Führung die Mark der DDR zum Kurs von 1:1 in die D-Mark um. Westtouristen mussten bei Besuchen in Ostberlin zuletzt 25 Mark West in 25 Mark Ost umtauschen und wussten meist nicht, wie sie das Geld ausgeben sollten (Rentner hatten nur 15 D-Mark umzutauschen, ein wenig Sozialpolitik musste sein). Die Planer in Ostberlin wussten, dass dieser Kurs mit der Realität nichts zu tun hatte. In den exportorientierten Betrieben rechneten sie mit vier DDR-Mark für eine »Valutamark«, und für den Rest der DDR-Wirtschaft war selbst dieser Kurs illusorisch. Aber das erfuhr man im Westen erst später.

Entscheidend war, dass die DDR-Bürger 1:1 rechneten. Wenn sie skandierten, dass »die D-Mark« kommen solle, dann dachten sie selbstverständlich, dass sich die 1500 Ostmark, die sie verdienten, direkt in Westmark verwandeln würden. Und dass das weiche Geld auf ihren Sparbüchern dabei zu hartem Geld würde. Dass diesem Geld in der sozialistischen Wirtschaft keine Werte gegenüberstanden, sondern dass die Ersparnisse der Bürger in der DDR vor allem Kaufkraftabschöpfung seitens des Staates waren oder, je nach Perspektive, unterdrückte Inflation (es war viel zu viel Geld da für das vorhandene Warenangebot, was in einer Marktwirtschaft Teuerung ausgelöst hätte), wussten die Menschen nicht, da sie durch die sozialistischen Medien substanzieller Wirtschaftsinformation entwöhnt worden waren.

Für Ökonomen war klar, dass eine Währungsumstellung 1:1

verheerende Folgen für die noch sozialistischen Betriebe haben würde: Wenn eine Ost-Mark in Wirklichkeit nur 25 Pfennig wert war, und selbst das nur in den produktivsten der DDR-Betriebe, dann bedeutete das Verhältnis 1:1 eine Aufwertung um 400 Prozent auf einen Schlag. Eine derartige Kostenexplosion hätte auch in einer leistungsfähigen Volkswirtschaft ein Desaster ausgelöst, umso mehr in der DDR, die schon vor dem Fall der Mauer kurz vor dem Bankrott stand. Andererseits dachten die Bonner Politiker damals, vermutlich zu Recht, dass eine realistische Währungsumstellung den DDR-Bürgern nicht zuzumuten war. Niemand wusste, was genau passieren würde, wenn sich die Währungsgebiete der DDR und der Bundesrepublik am 1. Juli 1990 vereinigten und wie sich zum Beispiel die Preise im Osten entwickeln würden. Klar war hingegen, dass ein Facharbeiter mit einem Monatslohn von zum Beispiel 400 Mark schlicht nicht überleben konnte. Auf dieser Höhe lagen damals, nach der Kaufkraft berechnet, die Löhne in der Tschechoslowakei, deren Wirtschaft im ehemaligen Ostblock am ehesten mit der der DDR zu vergleichen war.

Aus diesen Überlegungen heraus machten die Volkswirte der Deutschen Bundesbank einen Vorschlag, den sie für einen gelungenen Kompromiss zwischen politischen Erwartungen und ökonomischem Zwang hielten: Bleiben wir in der Mitte und tauschen 1:2 um. Doch sie hatten ihre Rechnung ohne die Populisten der Einheit des Raumes gemacht. Als die *Frankfurter Rundschau* über den Plan der Bundesbank vorab berichtete, brach ein Sturm der Entrüstung in der noch bestehenden DDR los. Die ehemalige Staatspartei SED, die sich soeben in »Partei des demokratischen Sozialismus« umgetauft hatte, veranstaltete eine Demonstration im Berliner Lustgarten für einen »gerechten« Umtausch; vermutlich war es die erste Kundgebung der SED-Geschichte, zu der die meisten Teilnehmer wirklich freiwillig kamen. Eine der Parolen der PDS lautete damals: »1:1 – wir sind ein Volk«. Besser hätte man die populistische Illusion von der Einheitlichkeit nicht ausdrücken können. Die Teilnehmer damals im Lustgarten glaubten, sie demonstrierten gegen gierige Bankleute, die den DDR-Bürgern ihr Geld nicht gönnten. In Wirklichkeit demonstrierten sie für eine begrenzte inflationäre Geldschöpfung, die die Bundesbank jedoch über ihre Zinspolitik leicht in den Griff bekam. Das wäre also noch zu verkraften gewesen. Das eigentliche Problem war die Erhöhung der laufenden Kosten durch die Währungsunion; dies ließ sich mit den Mitteln der Geldpolitik nicht lösen. In der Konsequenz demonstrierten die Menschen daher für die Vernichtung ihrer eigenen Arbeitsplätze.

Im Ergebnis wurden schließlich alle laufenden Geldströme und kleinere Sparguthaben 1:1 umgetauscht, größere Sparguthaben 1:2. Die Illusionen über die ökonomischen Konsequenzen der Währungsunion halten bis heute an. Ein sehr besonnener DDR-Bürger, der in diesen Tagen von einem Westdeutschen rückblickend auf diese Zusammenhänge hingewiesen wurde, entgegnete etwas unwirsch: »Die Einheit war eben nicht zum Nulltarif zu haben.« Vom Nulltarif kann nun wirklich keine Rede sein – angesichts der bisher gezahlten Transfers. Eher liegt eine gewisse zynische Logik in der Wendung vom »Nulltarif«: Durch den falschen Wechselkurs hat die DDR sich selbst zum Almosenempfänger gemacht, viel stärker als dies nach dem Zusammenbruch des kommunistischen Wirtschaftssystems ohnehin nicht zu vermeiden war. Die Einheit wurde extrem teuer, und den Preis müssen die Westdeutschen zahlen, aber eben auch die Ostdeutschen. Eine Selbstschädigung auf Umwegen.

Die schlimmsten Konsequenzen jenes fatalen 1:1-Denkens sollten aber erst noch kommen. Der Schaden durch den falschen Wechselkurs wäre vielleicht noch zu begrenzen gewesen. Schließlich erhielten die DDR-Betriebe durch die Währungsunion und die Übernahme des Rechtsrahmens der Bundesrepublik auch die Chance zu einem plötzlichen Produktivitätsschub. Einige Experten schlugen vor, aus den neuen Ländern erst einmal eine Sonderwirtschaftszone zu machen mit niedrigen Steuern und Löhnen. Der amerikanische Ökonom George Akerlof von der Universität Berkeley – er wurde 2001 mit dem Nobelpreis ausgezeichnet – dachte sich ein System von Lohnsubventionen aus, mit Hilfe derer man die ehemals sozialistischen Betriebe unter neuen Bedingungen hätte fortführen und dabei den Gewerkschaften Lohndisziplin abkaufen können.

Aber umsonst, der Populismus der Einheit hatte seine eigene Dynamik entfaltet und niemand bremste ihn. Gewerkschaften und Arbeitgeber handelten eine schnelle Anpassung von Löhnen und Gehältern an das Westniveau aus. Das heißt, es verhandelten westdeutsche Gewerkschafter und westdeutsche Arbeitgeber, denn in den neuen Ländern gab es erst einmal niemanden, der die neue Rolle hätte übernehmen können. Vor allem gab es niemanden, der authentisch Arbeitgeberpositionen hätte vertreten können. Die einstmals Volkseigenen Betriebe unterstanden der Treuhandanstalt, die Aufsichtsräte wurden von westdeutschen Managern besetzt, das alte sozialistische Management, wenn es denn überhaupt noch im Amt war, hatte Schwierigkeiten mit seiner neuen Rolle. Manch ein kritischer Beobachter hegt bis heute den Verdacht, die Westdeutschen hätten damals die Chance genutzt, auf leichte Weise potenzielle Konkurrenten loszuwerden. Vielleicht, vielleicht auch nicht. Wahrscheinlich wurden die Handelnden selbst Opfer der 1:1-Logik. Der damalige IG-Metall-Vorsitzende Franz Steinkühler sagte im Jahr 1992 auf die Kritik an seiner Tarifpolitik mit entwaffnender Direktheit in einem Interview der *Zeit*: »Die Wiedervereinigung haben alle gewollt, der Staat, die Gesellschaft, alle Parteien. Also müssen auch alle dafür eintreten. Und das bedeutet: Wenn Betriebe die Lohnsteigerungen wegen der mangelnden Produktivität nicht verkraften können, muss die Treuhand einspringen, also der Staat. Das kann man nicht dem einzelnen Arbeitnehmer auferlegen.« Der einflussreiche Arbeiterführer legte damit auf verblüffend klare Weise die Logik der damaligen Tarifpolitik dar: Wir erhöhen die Löhne, und die Allgemeinheit zahlt.

Erstaunlicherweise haben die westdeutschen Arbeitgeber damals ganz ähnlich argumentiert. Der Chef des Arbeitgeberverbandes Gesamtmetall, Werner Stumpfe, sagte im Juni 1991, als die Politik der forcierten Lohnangleichung begann, ebenfalls in einem Interview der *Zeit*: »Die Betriebe müssen ihre Belegschaften nach diesem Tarifabschluss so weit herunterfahren, dass sie nicht mehr Mitarbeiter beschäftigen, als sie tatsächlich brauchen. Dann werden sie an diesen Tarifabschlüssen zwar noch leiden, aber nicht zugrunde gehen.«

Längst wissen wir, dass die Betriebe an diesen Abschlüssen zugrunde gegangen sind. Es ist ja auch eine merkwürdige Vorstellung, die Belegschaft, die ein Betrieb »tatsächlich braucht«, unabhängig davon zu definieren, wie hoch die Löhne in den Betrieben sind.

Und im Übrigen: Wer in den ersten Jahren nach der Einheit auf die Risiken des Kurses verwies, dem wurde im Zweifelsfall unpatriotisches Verhalten vorgeworfen. So erging es dem damaligen SPD-Kanzlerkandidaten Oskar Lafontaine. Er wies im Bundestagswahlkampf 1990 zu Recht auf die drohenden Kosten der Einheit hin. Das Projekt werde »dreistellige Milliardensummen« kosten, sagte er damals, was dazu beigetragen hat, dass er die Wahl verloren hat. Das nämlich wollte damals niemand hören, vielleicht auch, weil Lafontaine selbst ein begnadeter Populist ist und es deshalb unterließ zu sagen, wie er selbst sich denn die Einheit Deutschlands vorstellte. Tatsächlich war Lafontaine in seinem Pessimismus noch optimistisch. In Wirklichkeit waren es nicht dreistellige Milliardenbeträge, sondern ungefähr das Zehnfache davon: 1,26 Billionen Euro. Und wenn ein Leser auf dieser Seite des Buches eine Minute lang verweilt, dann sind, rein statistisch gesehen, schon wieder 160.000 Euro dazu gekommen.

Westdeutschland zahlt, wie gesagt, Jahr für Jahr 4,6 Prozent seines BIP an den Osten. Es lohnt sich, dies mit einem ganz anderen Beispiel zu vergleichen: der wirtschaftlichen Situation in der Weimarer Republik. Eines der existenziellen Probleme Deutschlands waren damals die Reparationen an die westlichen Alliierten. Sie belasteten die Wirtschaftskraft und heizten den Volkszorn auf die Nachkriegsordnung und das »System« von Weimar und seine »Erfüllungspolitiker« an. De facto zahlte das Deutsche Reich die höchste Jahresrate an Reparationen im Jahre 1928: rund 2,2 Milliarden Mark, was einem Anteil von 2,44 Prozent am damaligen BIP entsprach, also im Verhältnis knapp die Hälfte dessen, was Westdeutschland heute an den Osten zahlt.

Natürlich sind die Verhältnisse nur begrenzt vergleichbar. Die Leistungskraft der deutschen Wirtschaft ist heute, trotz allem, viel größer als damals; die Weimarer Republik war durch viele andere Regelungen des Versailler Vertrages geschwächt, unter anderem dadurch, dass das genaue Ausmaß der Reparationen lange Zeit gar nicht feststand. Außerdem ist es ein Unterschied, ob man Reparationen an frühere Kriegsgegner oder Subventionen an die eigenen Landsleute zahlt. Trotzdem kann dieser Vergleich die Dimension der heutigen Probleme verdeutlichen. Und bei offenen Grenzen ist der Unterschied, ob man viel Geld auf unproduktive Weise an Inländer oder an Ausländer zahlt, nicht mehr so groß.

Besonders fatal wirkte der Satz vom damaligen Bundeskanzler Helmut Kohl, der in einem Augenblick, als sich die Probleme schon deutlich zeigten und die Zweifel an dem eingeschlagenen Kurs zunahmen, den Ostdeutschen »blühende Landschaften« versprach. Fatal ist der Satz, weil er sich explizit auf den Augenschein bezieht, die *Landschaft*. Natürlich ist der Augenschein in den neuen Bundesländern atemberaubend, zumindest für alle, die den Zerfall in der alten DDR noch selbst erlebt haben. Atemberaubend ist der Wandel Leipzigs zu einer schönen und charmanten Metropole, atemberaubend der Wiederaufbau der Frauenkirche in Dresden, faszinierend das Tempo, mit dem in Ostdeutschland eine moderne Infrastruktur entstanden ist. Nur ist eben nichts von alledem in Ostdeutschland erwirtschaftet worden, die blühenden Landschaften sind subventionierte Landschaften. Dagegen wäre nichts einzuwenden, wenn die Subventionen dazu dienten, Investitionen zu finanzieren, die dann irgendwann eine tragfähige Wirtschaft schaffen. Das ist aber überwiegend nicht der Fall. Aus den Subventionen wird der staatliche und private Konsum bezahlt.

Der größte Teil der Hilfe fließt über die Sozialkassen und geht an Arbeitslose und Rentner, ein anderer kommt über den so genannten Solidarpakt II den neuen Bundesländern zugute. Nach einer Aufstellung des Bundeswirtschaftsministeriums verwendeten diese von den 10,4 Milliarden Euro, die sie 2002 bekamen, nur 40 Prozent für Investitionen, etwa in Schulen, Straßen oder Abwässerkanäle. Die übrigen 60 Prozent dienten dazu, die Löcher in den Landeshaushalten zu stopfen und wurden vor allem für laufende Kosten verwendet, etwa für Personalausgaben. Aufschlussreich der Blick auf einzelne Bundesländer: Sachsen verwendet immerhin noch 70 Prozent des Geldes für Investitionen, Thüringen 39 Prozent und Mecklenburg-Vorpommern 30 Prozent. In Brandenburg sind es nur 17 Prozent, in Sachsen-Anhalt ist es ein Prozent und in Berlin fließt überhaupt nichts in den Aufbau Ost, sondern alles in die Verwaltung des gegenwärtigen Mangels. Der Osten verspielt seine Zukunft und der Westen zahlt dafür.

Insofern ist es schon eine wahrhaft stolze Leistung, derer sich Berlins Regierender Bürgermeister Eberhard Diepgen einst rühmte, nämlich bei der Bezahlung der Angestellten und Beamten in der gesamten Bundeshauptstadt, also auch in Ostberlin, Westniveau durchgesetzt zu haben – eine Großtat, die, wie die Statistik zeigt, von den anderen Bundesländern bezahlt wird und zu Lasten von Berlins Zukunft geht. Dabei ist der öffentliche Dienst in den neuen Bundesländern trotz harter Kürzungen immer noch wesentlich besser besetzt als im Westen. Dies macht die Politik der Lohnangleichung auch so gefährlich. Die Privatwirtschaft hat sich zum Teil dadurch geholfen, dass immer mehr Betriebe aus den Arbeitgeberverbänden ausgetreten sind und damit das Tarifvertragssystem unterlaufen. Die Finanzminister und Stadtkämmerer können das nicht oder jedenfalls nicht konsequent genug.

So funktioniert der Auf- und Abbau Ost: Gemeinsam treiben Politiker und Verbandsfunktionäre das Kostenniveau und die

Arbeitslosigkeit in die Höhe. Die Hoffnung für den Osten liegt daher nicht in einer aggressiven Tarifpolitik, sondern in jenem Niedriglohnsektor, der sich jetzt in den neuen Bundesländern mehr oder weniger spontan entwickelt.

Wenigstens können sich die Arbeitslosen damit trösten, dass sie ihr Kind in eine Kindertagesstätte schicken können, denn davon gibt es in den neuen Bundesländern wesentlich mehr als in den alten – das überdimensionierte Angebot an öffentlichen Kindergärten im Osten ist ein grotesker Nebeneffekt des 1:1-Denkens. Statistisch standen im Jahr 2003 in Hamburg für 100 Kinder 68 Kindergartenplätze zur Verfügung, in Thüringen waren es 124. Im Durchschnitt der westlichen Bundesländer gab es knapp 18 Ganztagesplätze, im Durchschnitt Ost waren es 106. Diese relative Überversorgung ist natürlich aus Sicht der Eltern schön. Was aber, wenn die Kosten dieser Überversorgung mit dazu beitragen, die Arbeitslosigkeit in die Höhe zu treiben?

Ein schönes Beispiel dafür, wie sich Ost und West, Links und Rechts in die Misere hineingetrieben haben, ist die Bundestagsdebatte vom 22. Oktober 1993. Damals versuchte sich die Bundesregierung Helmut Kohl an einigen Kürzungen des Sozialetats, weshalb die SPD Kohl eine »Demontage des Sozialstaats« und den »Weg in eine andere Republik« vorwarf. Darauf setzte sich Kohls Arbeitsminister Norbert Blüm zur Wehr. »Die Sozialausgaben pro Kopf sind seit 1989 um 12 Prozent gestiegen. Das Bruttosozialprodukt pro Kopf ist in der gleichen Zeit um 15 Prozent gesunken ... Wir sind nach wie vor ein Sozialstaat, wie es kaum einen zweiten auf der Welt gibt.« Was Blüm korrekt beschrieb und als Lob der eigenen Politik verstanden haben wollte, war in Wirklichkeit die Beschreibung eines Desasters. Niemand schien zu realisieren, dass die »andere Republik«, von der die SPD sprach, längst da war, und zwar in Folge der deutschen Einheit. Spätestens 1993 hätte man sich darauf einstellen müssen.

Für das politische Klima heute wäre viel gewonnen, wenn die SPD einräumen würde: Ja, wir haben viel zu lange am Alten festgehalten und uns so mitschuldig gemacht an der Misere. Und die

Union wäre glaubwürdiger, würde sie sagen: Helmut Kohl hat uns die Einheit gebracht, aber er ist auch verantwortlich für den ökonomischen Niedergang des vereinten Deutschlands, mindestens ebenso sehr wie sein Nachfolger Gerhard Schröder. Man möchte als Wahlbürger schon wissen, ob es Angela Merkel, Edmund Stoiber und Friedrich Merz heute besser machen würden.

Das Traurige ist, dass viele Fehler, die im Wahn der Einheitlichkeit begangen wurden, kaum noch revidierbar sind; viele der mutwillig geopferten Arbeitsplätze sind unwiederbringlich verloren. Sie ließen sich auch durch die Kürzung der Löhne nicht zurückholen. Sinnvoll wäre es, die Transfers nach Ostdeutschland zu kürzen. Aber wie? An den Rentenansprüchen für die ehemaligen DDR-Bürger lässt sich allenfalls im Rahmen einer generellen Korrektur der Rentenversicherung etwas ändern. Wirtschaftsminister Wolfgang Clement will wenigstens die Subventionen für Industrieansiedlungen aus der so genannten Gemeinschaftsaufgabe Ost kürzen – und handelt sich damit die Proteste der ostdeutschen Ministerpräsidenten ein. Das ist einerseits verständlich, denn die Investitionsförderung ist unter den gegebenen Umständen noch die sinnvollste Subvention. Andererseits fragen sich Westdeutsche zu Recht, wieso überall gekürzt werden soll, nur nicht bei der Ostförderung. Warum können sich Betriebe in Ostdeutschland nicht irgendwann auch einmal ganz normal ansiedeln, ohne Subventionen, wie anderswo auch? Der thüringische SPD-Vorsitzende Christoph Matschie verband seinen Protest gegen Clements Pläne noch mit einer interessanten Forderung: In Ostdeutschland müsse ein gesetzlicher Mindestlohn beschlossen werden, weil die Gewerkschaften dort zu schwach seien, um sich in der Konkurrenz mit den osteuropäischen Niedriglöhnen durchzusetzen. Absurdistan in letzter Konsequenz: Wir kämpfen gegen niedrige Löhne, indem wir Arbeitsplätze aussperren.

Die Chance Ostdeutschlands für den Wiederaufstieg liegt in einem Paradigmenwechsel: weg vom Populismus der Einheitlichkeit hin zu Freiheit und Wettbewerb. Viele kluge Einzelmaßnahmen sind schon vorgeschlagen worden: Konzentration der Subventionen auf lohnende Kerne, Verzicht auf die Förderung von Regionen, die als Industriestandorte ohnehin keine Chance haben, Einfrieren der Tariflöhne in Ostdeutschland, vor allem keine weitere Verkürzung der Arbeitszeit, im Gegenteil: Verlängerung der Arbeitszeit.

All diese Vorschläge stoßen auf heftigen Widerstand, weil sie von den Betroffenen als Maßnahmen gegen den Osten begriffen werden. Ohnehin ist die »Ostalgiewelle«, die derzeit durch die neuen Bundesländer und diverse Fernsehkanäle rollt, ein Alarmsignal: Die Menschen verabschieden sich erneut aus der Realität, sie träumen sich eine DDR, die es so nie gegeben hat. Und es ist ein Spiel mit dem Feuer. Bis jetzt ist noch niemand auf die Idee gekommen, einen westdeutschen Populismus gegen die 4,6 Prozent an die neuen Länder zu mobilisieren. Es gibt aber keine Garantie, dass dies immer so bleiben wird.

Die Chance auf irgendwelche Sonderlösungen für den Osten – über das bisher Beschlossene hinaus – gibt es nicht mehr. Das gilt auch für das Projekt einer Sonderwirtschaftszone Ost. Aus welchem Grund sollten angesichts der laufenden Subventionen ostdeutsche Unternehmen noch einmal bessere Ausgangsbedingungen haben als die westdeutschen? Ost und West sind auf Gedeih und Verderb aneinander gebunden. Beide brauchen mehr Freiraum, weniger Regulierung und eine Reduzierung des Sozialstaats. Der Schock der Einheit hat die lange aufgeschobenen Reformen in der gesamten Bundesrepublik unabweisbar gemacht. Ein Paradigmenwechsel sollte bewirken, dass die Deutschen in Ost und West ihren Schutzreflex aufgeben und Freiheit und Wettbewerb als Chance begreifen.

Man kann es so sehen: Der Wechsel wird kommen, so oder so. Wenn die Deutschen nicht aus eigenem Antrieb umdenken, dann wird sie der Konkurrenzdruck der Globalisierung dazu zwingen. Vor allem müssen einige Fehlsteuerungen korrigiert werden, die die alte Bundesrepublik in den siebziger Jahren vorgenommen hat.

Selbstschädigung im Kartell

Man stelle sich vor, das Management von BMW wäre nicht mehr zufrieden mit den Preisen, die seine Autos am Markt erzielen. Der Vorstand mobilisiere daraufhin die Arbeiter, sagen wir des Werks Regensburg, statte sie mit roten Kappen und Trillerpfeifen aus und schicke sie in die Innenstädte von München, Frankfurt und Köln, wo sie für höhere Autopreise demonstrieren und den Passanten mit einem Lieferboykott für den Fall drohen würden, dass diese nicht bereit wären, zehn Prozent mehr für ihre 3er, 5er und 7er BMWs zu zahlen. Eine absurde Vorstellung? Natürlich, die Passanten würden einfach den Kopf schütteln, den Lieferboykott der BMW-Leute auf sich zukommen lassen und sich dann eben einen VW, einen Mercedes oder irgendein anderes Auto kaufen.

Aber bei einem der wichtigsten Preise in der Volkswirtschaft, dem der Arbeit, muten sich die Deutschen regelmäßig genau dieses Ritual zu: Die Gewerkschaften fordern, zum Teil auf sehr rüde Weise, Lohnerhöhungen, die erkennbar zu hoch sind; dann finden, begleitet von Demonstrationen mit den inzwischen notorischen Trillerpfeifen, Tarifverhandlungen statt, die zuweilen in einen Streik und irgendwann in einen Abschluss münden, der die Unternehmen mal mehr, mal weniger belastet. So geht das in der Bundesrepublik seit dreißig Jahren: Der Preis der Arbeit steigt und mit ihm die Arbeitslosigkeit, und zwar von Rezession zu Rezession. Die Ökonomen sprechen von einem Sperrklinkeneffekt: Bei schlechter Konjunktur steigt die Zahl der Arbeitssuchenden, so wie das schon immer war; wenn die Konjunktur besser wird, gehen die Zahlen aber kaum zurück, so wie die Sperrklinke ein Zahnrad daran hindert, sich zurückzudrehen.

Warum gibt es diese Sperrklinke, warum funktioniert das selbst schädigende Ritual? Es funktioniert erstens, weil es im kurzfristigen Interesse der Insider ist, also jener Arbeitnehmer, die einen halbwegs sicheren Job haben, und der Betriebe, die so produktiv sind, dass sie sich die höheren Löhne leisten können. Die einen verdienen mehr Geld, die anderen haben Ruhe im Haus und müssen keine Arbeitskämpfe fürchten. Das Ritual funktioniert aber auch, weil es auf einem sehr populären und sehr plausiblen Denkfehler beruht. Um im Bild zu bleiben: Gäbe es nur eine einzige Automarke in Deutschland, nämlich BMW, dann hätte die oben skizzierte Strategie wahrscheinlich Erfolg, oder zumindest eine Zeit lang. Die Autofahrer wären gezwungen, sich die BMWs auch zu höheren Preisen zu kaufen, so lange, bis sie auf das Autofahren ganz verzichten und für kurze Strecken das Fahrrad nehmen und für lange den Zug. Aber bis zu diesem Punkt könnte BMW sicher seine angenommene Monopolstellung nutzen, das Ganze wäre ein Verteilungskampf zwischen BMW und seinen Kunden. Und die BMW-Arbeiter bekämen einen Teil vom Kuchen.

Die Gewerkschaften verhalten sich implizit so, als gäbe es in Deutschland nur einen einzigen Anbieter von Arbeit: IG Metall, Verdi & Co. Deshalb wird die Tarifauseinandersetzung als Verteilungskampf zwischen Arbeitgeber und Arbeitnehmer rezipiert: Das Geld, das die Gewerkschaften bei Tarifverhandlungen erkämpfen, trotzen sie den Unternehmern oder vereinfacht: den Reichen ab. So jedenfalls die Theorie. Anders gewendet: Wären die Gewerkschaften weniger kampfstark, bliebe den Reichen mehr Geld, das sie in die Schweiz bringen und von dem sie Yachten, Villen, Kaviar und andere Fabriken kaufen könnten.

Tarifverhandlungen sind nach dieser Lesart implizit und meistens auch explizit Klassenkampf. Zwar wissen viele Gewerkschafter und besonders Betriebsräte aus der Anschauung an ihren konkreten Arbeitsplätzen, dass an der Theorie irgendetwas nicht stimmen kann und dass bei dem Ritual der Druck zunimmt, die Produktion ins Ausland zu verlagern. Aber sie mogeln sich auf zweierlei Weise aus der Sache. In kleiner Runde sagen Gewerkschaftsfunktionäre, dass man da eben nichts machen könne, der Verlust einfacher Jobs in einem Hochlohnland wie Deutschland sei so oder so nicht zu vermeiden. Die höheren Löhne sorgten dafür, dass wenigstens auf den verbliebenen Jobs gut verdient werde.

Und wenn die eigenen Leute unruhig werden, organisiert die Gewerkschaft den Protest gegen Werksschließungen und Arbeitsplatzabbau. Da heißt es dann schon einmal anklagend: »Sind wir denn in Deutschland gar nichts mehr wert?« Die nahe liegende Antwort wagt kaum jemand zu geben: Natürlich seid ihr so viel wert wie jeder andere Mensch auf der Welt. Aber der Preis, den ihr beziehungsweise eure Gewerkschaft verlangt, ist viel höher als der, den eure Kollegen anderswo verlangen. Ihr könnt nicht einfach davon ausgehen, dass eure Arbeit mehr wert ist als die von Tschechen, Portugiesen oder Chinesen.

Die gewerkschaftliche Kampfstrategie funktioniert dann besonders gut, wenn das fragliche Unternehmen tatsächlich ein Monopol ist. Das zeigt die überragende Stellung, die die militanten französischen Gewerkschaften im öffentlichen Dienst und in Staatsunternehmen haben. Im Mai 2004 demonstrierten in Paris rund 80.000 Mitarbeiter öffentlicher Unternehmen gegen die vorgesehene Teilprivatisierung des früheren Strommonopolisten Electricité de France (EDF). Die kommunistische Gewerkschaft CGT fürchtet um ihre Macht und um die exorbitanten Privilegien ihrer Mitglieder: Rente ab 55, kostenlose Gesundheitsvorsorge, Vergünstigungen im Urlaub, Strompreise, die nur zehn Prozent des Normaltarifs ausmachen, spottbillige Wohnungen. Die CGT führt tatsächlich einen Verteilungskampf; die Gegner dabei sind aber nicht die Kapitalisten – schließlich ist EDF ein Staatsbetrieb, sondern der Rest der Franzosen in ihrer Eigenschaft als Stromkunden und als Steuerzahler. Das Ganze hat auch noch einen europäischen Randaspekt: EDF ist Großaktionär des baden-württembergischen Stromversorgers EnBW. Welche Rolle im unternehmerischen Kalkül der EDF mag die deutsche Tochter spielen, wenn die französischen Angestellten sich so massiv für ihre Privilegien ins Zeug legen? Werden dann in Krisenzeiten erst einmal die Arbeitsplätze in Deutschland geopfert, weil sich die Mitarbeiter von EnBW in Paris nicht so gut wehren können? Das Beispiel zeigt, dass sich gewerkschaftliches Kartellverhalten tendenziell immer gegen die anderen richtet, wer auch immer die anderen sein mögen. Man sollte aber auch anerkennen, dass es derartige Exzesse wie in Frankreich in Deutschland bisher nicht gegeben hat.

Wer ein wenig Gefühl für Geschichte hat, der kann es den Gewerkschaftern nicht einmal verübeln, dass sie Tarifverhandlungen mit Klassenkampf verwechseln. Es ist zwar schon 112 Jahre her, dass sich die freien Gewerkschaften in Halberstadt zur Generalkommission der Gewerkschaften Deutschlands zusammenschlossen. Das war 1892, also zwei Jahre nach Aufhebung der Sozialistengesetze im Deutschen Reich. Aber Organisationen haben ein langes Gedächtnis, und in diesem kollektiven Gedächtnis sind Verfolgung, Demütigung und Standesdünkel fest eingegraben. Als 1884 in den Fabriken Arbeiterausschüsse gegründet werden sollten, legte der Zentralverband der Industriellen, Vorläuferorganisation des Bundesverbandes der Deutschen Industrie im Deutschen Reich, einen geharnischten Protest ein. Derartige Ausschüsse bedeuteten »einen bedenklichen Schritt der Loslösung der Arbeiter von ihren durch Gewohnheit, Sitte und Recht geschaffenen Beziehungen zu ihrem Arbeitgeber. Der Arbeiter wird immer ein ungebildeter, wenig Verständnis zeigender Mensch bleiben, und nach seiner ganzen Erziehung kann er auch gar nichts anderes sein.«

Gewerkschaften haben nicht nur mit Löhnen zu tun, sondern seit ihren Anfängen auch mit Würde, Selbstrespekt und Gleichberechtigung. Die Erinnerung an frühere Demütigungen mag das anachronistische Pathos der gewerkschaftlichen Rituale von Warnstreik, Urabstimmung und Streik erklären, wenn auch nicht entschuldigen. Auf jeden Fall ist es wichtig, die Geschichte zu kennen, will man die Wiederholung der alten Fehler vermeiden. Wirkliche Mitsprache bekamen die deutschen Gewerkschaften, ähnlich wie die Sozialdemokraten, erst in dem Augenblick, als die alten, staatstragenden Kräfte des Deutschen Reiches abgewirtschaftet hatten. Im Jahre 1916, während die deutsche, französische und englische Jugend auf den Schlachtfeldern von Verdun verblutete, verabschiedete der Reichstag ein »Gesetz über den Vaterländischen Hilfsdienst«. Das Gesetz erklärte alle deutschen Männer zwischen 17 und 60 für dienstpflichtig und schränkte in kriegswichtigen Industrien die freie Wahl des Arbeitsplatzes ein. Um die Zustimmung der Sozialdemokraten zu dem fragwürdigen Gesetz zu bekommen, erkannte die Reichsregierung erstmals die Gewerkschaften offiziell als Vertretung der Arbeitnehmer an. In größeren Betrieben sollten paritätisch besetzte Ausschüsse Streitigkeiten zwischen Unternehmern und Belegschaft schlichten. Den Vorsitz in den Ausschüssen hatte ein Offizier.

Als der Erste Weltkrieg verloren war und der Kaiser abgedankt hatte, am 15. November 1918, schlossen Carl Legien, der Vorsitzende der Generalkommission der Gewerkschaften, und der Unternehmer Hugo Stinnes eine schriftliche Vereinbarung über die »Zentralarbeitsgemeinschaft der industriellen und gewerblichen Arbeitgeber und Arbeitnehmer«. Das Abkommen gestand den Gewerkschaften die Tarifautonomie zu, die Koalitionsfreiheit, den Acht-Stunden-Tag und die Einrichtung von Betriebsräten. Das korporatistische deutsche System der Lohnfindung ist also nicht nur älter als die Bundesrepublik, es ist sogar älter als die Weimarer Republik. Gewerkschaften und Unternehmer waren dabei getragen von der Sorge vor dem drohenden Umsturz durch die Rätebewegung und die Kommunisten; sie wollten im eigenen Interesse die industriellen Beziehungen ordnen, ehe sich die politische und gesellschaftliche Ordnung nach dem Zusammenbruch des Kaiserreiches neu gefestigt haben würde. Dabei mag auch die Erinnerung an den verordneten Burgfrieden während des Ersten Weltkrieges eine Rolle gespielt haben. Streng ökonomisch gesprochen haben Legien und Stinnes ein Kartell zum Schutz der gemeinsamen Interessen vor politischen und ökonomischen Angriffen vereinbart.

Korporatistische Versuche gab es nach dem Ersten Weltkrieg in vielen Ländern; teilweise waren sie von der katholischen Soziallehre geleitet, teilweise führten sie, etwa in Italien oder in Österreich, in den Faschismus. Das deutsche Modell erwies sich dabei als erstaunlich stabil, und dies, obwohl sowohl die bürgerlichen Kräfte und die deutsche Wirtschaft insgesamt als auch die Gewerkschaften 1933 schmählich vor Hitler kapituliert hatten. Jedenfalls war es nach 1945 keine Frage, dass man bei der Neuordnung der Beziehungen zwischen Arbeit und Kapital in der Bundesrepublik wieder bei Stinnes und Legien anknüpfen würde.

So fand sich die Idee vom formierten und gebändigten Klassenkampf, der hinter dem Stinnes-Legien-Modell steht, auch in der Sozialen Marktwirtschaft wieder. Das Modell funktionierte in den ersten Jahren der Bundesrepublik sogar unerwartet gut, viel besser als in der Weimarer Republik. Generell stellte der Politologe Theodor Eschenburg fest, dass »die Stoßkraft des Verbandseinflusses nach 1949 viel größer« war als vor 1933. Der westdeutsche Staat wurde und wird auch heute noch international gerühmt wegen seines sozialen Friedens. Zwischen 1992 und 2001 gingen in Spanien im Jahr 282 Arbeitstage pro 1000 Beschäftigte verloren, in Italien 117 Tage, in Frankreich 87 Tage, in den Vereinigten Staaten 48 Tage, in Deutschland dagegen nur neun.

Und vor allem lieferte das Modell zunächst einmal ein entscheidendes Ergebnis: Vollbeschäftigung. Zwischen 1960 und 1973 stieg die Arbeitslosigkeit in der Bundesrepublik lediglich im Krisenjahr 1967 über die Grenze von zwei Prozent. In der übrigen Zeit herrschte Voll- bis Überbeschäftigung. Aus den sechziger Jahren wird von einem Münchner Gastwirt berichtet, der folgendes Schild in seinem Restaurant aufhängen ließ: »Ich bitte, unser Personal freundlich zu behandeln. Neue Gäste kriege ich immer, nicht aber einen neuen Kellner.« Das war natürlich Ironie, aber hinter der Ironie steckte sehr viel Wahrheit. Das Wirtschaftswunder in der Bundesrepublik wäre, aus Mangel an Arbeitskräften, schon viel früher zu Ende gegangen, hätten Regierung und Arbeitgeber nicht massiv »Gastarbeiter« in Italien, Jugoslawien, Spanien, Portugal, Griechenland und der Türkei angeworben.

Der Ton zwischen Arbeitgebern und Arbeitnehmern war damals gesittet, selbst wenn es immer wieder einmal einen erbitterten Konflikt gab, etwa 1957 um die Lohnfortzahlung im Krankheitsfall. Arbeiterführer wie der legendäre Stuttgarter Bezirksleiter Willi Bleicher, der von 1938 bis 1945 im Konzentrationslager Buchenwald saß, verbanden eine stramm linke Gesinnung mit dem Bewusstsein, dass die Bundesrepublik auch der Staat der Arbeiter werden müsse. Auf der anderen Seite war sowohl gemäßigten Gewerkschaftern als auch Unternehmern die unmittelbare Bedrohung durch den Kommunismus und das sowjetische Modell direkt hinter der Grenze bewusst. Kurt Schumacher, der erste Vorsitzende der Nachkriegs-SPD in der Bundesrepublik, war Sozialist und gleichzeitig glühender Antikommunist; er sprach von den Kommunisten als »rot lackierten Faschisten«.

Neben diesen eher sozialpsychologischen Faktoren gab es auch noch ein hartes ökonomisches Element, das zum Funktionieren des deutschen Systems der Lohnfindung in den ersten beiden Jahrzehnten der Bundesrepublik beigetragen hat: ein fundamentaler Irrtum der handelnden Personen. Die Gewerkschaften vertraten damals das von dem marxistischen Ökonomen Viktor Agartz formulierte Konzept der »expansiven Lohnpolitik«: Kräftige Lohnerhöhungen sollten die Unternehmer dazu anstacheln, die Produktivität in den Betrieben zu erhöhen und so dafür zu sorgen, dass die Früchte des Aufschwungs auch bei den Arbeitnehmern ankamen. Die Arbeitgeber hielten sich, im Einklang mit den meisten Ökonomen, daran, bei den Tarifverhandlungen nur so viel zu »verteilen«, wie die Produktivität herzugeben versprach. Und Ludwig Erhard mahnte als Wirtschaftsminister und Bundeskanzler zum Maßhalten, weil er steigende Inflation und damit einen schleichenden Wertverlust für die D-Mark fürchtete. Aber selbst die Gewerkschaften unterschätzten dabei die Leistungsfähigkeit der westdeutschen Wirtschaft. Die Wettbewerbsbedingungen (»Terms of Trade«) der Bundesrepublik verbesserten sich während der fünfziger und sechziger Jahre laufend, unter anderem, weil die D-Mark im Verhältnis zum Dollar als Leitwährung unterbewertet war. Den Spielraum, der sich aus dieser Konstellation ergab, ließen die Gewerkschaften ungewollt den Unternehmen, die ihn für Investitionen und die Schaffung neuer Arbeitsplätze nutzten.

So herrschten traumhafte Bedingungen für Unternehmer *und* Arbeitnehmer: Die tatsächlich gezahlten (»effektiven«) Löhne stiegen in aller Regel schneller als die Tariflöhne, weil die Firmen mittels übertariflicher Zulagen und anderer Vergünstigungen um die knappe Arbeitskraft konkurrierten. Von 1960 bis 1965 stieg der Index der Tariflöhne (1995 = 100) um 5,3 Punkte, der Index der durchschnittlichen Stundenlöhne für Arbeiter in der Industrie aber um 6,2 Punkte. Zwischen 1965 und 1970 lagen die entsprechenden Zahlen bei 7,0 und 7,3 Punkten; der Unterschied war deshalb kleiner, weil in diese Zeitspanne eine Rezession fiel.

Das Phänomen, dass die tatsächlichen Löhne schneller als die tariflichen steigen, nennen Ökonomen »Lohndrift«, sie gilt als ein Indiz für Vollbeschäftigung und Effizienz: Es ist allemal besser, wenn die Unternehmen um die Arbeitskräfte werben müssen, als umgekehrt. Da sie aus Eigeninteresse handeln, werden sie viel zielgerichteter für die Qualifikation der Arbeitnehmer sorgen, als dies ein Berater im Arbeitsamt tun könnte. Ein weiteres Kennzeichen der beiden ersten Jahrzehnte des Wirtschaftswunders war, dass die Erzeugerpreise meist schneller stiegen als die Verbraucherpreise – auch dies ein Hinweis auf zunehmende Wettbewerbsfähigkeit. In einem gewissen Sinne war es damals sogar von Vorteil, dass die westdeutschen Tarifpartner so taten, als lebten sie auf einer Insel und den Zugewinn an internationaler Wettbewerbsfähigkeit in ihrem Kalkül nicht berücksichtigten.

Die Wende kam in dem Augenblick, in dem die Jugend der Bundesrepublik versuchte, sich von den Gespenstern der Vergangenheit zu befreien. Im Jahr 1968 gingen in der Bundesrepublik und in Westberlin die Studenten auf die Straße – wie anderswo auch im Westen. Sie demonstrierten gegen den Vietnam-Krieg, gegen das »Establishment«, gegen die Regierung der Großen Koalition in Bonn und, wegen der bedrückenden Geschichte, als deutsche Besonderheit auch gegen braune Rückstände jeder Art in der Gesellschaft. Für Achtundsechziger war die »Sozialpartnerschaft«, wie man das Stinnes-Legien-Modell inzwischen nannte, eine Lüge, hinter der sich der alte, unvermeidbare Klassenkampf und dessen schärfste Ausprägung, der Faschismus, verbargen (die linken Studenten verwendeten diesen Begriff als Synonym für Nationalsozialismus, sehr zum Erstaunen etwa ihrer italienischen Kommilitonen, für die *fascismo* und *nazismo* zwei völlig verschiedene Dinge waren). Daher galt es, das wahre Gesicht des Kapitalismus sichtbar zu machen – die Studenten wollten den Arbeitern den Klassenkampf zurückbringen. Die Gewerkschaften sollten aggressiver auftreten und öfter streiken, die SPD wieder eine sozialistische Partei alten Stils werden.

Die Atmosphäre dieser Jahre kommt gut in den Liedern von Franz Josef Degenhardt zum Ausdruck, zum Beispiel in der Ballade von Natascha Speckenbach. Natascha Speckenbach ist eine kommunistische Arbeiterin, die in einem Glühlampenwerk, vermutlich bei Osram in Westberlin, im Akkord Glühbirnen prüft. Das Lehrstück erzählt davon, wie die Arbeiterinnen durch List und Kampfgeist eine Akkordsatzerhöhung verhindern: Sie produzieren bewusst Ausschuss, feiern Partys und führen die Chefs an der Nase herum. Dann kommt es zum krönenden Abschluss:

Auf der Betriebsversammlung,
da legte Natascha dann los:
»Aus unseren Kraftreserven
wolln die jetzt noch mehr Profit,

mit vierzig sind wir fertig
und kommen auf den Schrott.«
Weil die Belegschaft Streiken rief,
war das Ergebnis auch bald klar:
Die zweite Pause gibt's pro Schicht,
Akkordsatz bleibt so wie er war.
Aber was noch sehr viel besser ist:
Zwölf Frauen gehn jetzt wöchentlich
zu der Natascha Speckenbach
mit Haaren wie Tomatensaft,
und lesen Marx und Engels und Lenin
und wie man's richtig macht.

Die selbst in den damaligen Zeiten ziemlich unglaubwürdige Geschichte reflektiert dennoch treffend die Verachtung, die die linken Studenten gegenüber dem westdeutschen Lohnfindungssystem hegten. Streiks waren ein Mittel des Klassenkampfs und dienten, neben der Durchsetzung materieller Forderungen, der Agitation für den Sozialismus oder Kommunismus. Viele Gewerkschaftsfunktionäre hatten damals Angst, dass die Studenten Erfolg haben und ihre Organisation kommunistisch oder linksradikal unterwandern könnten.

Diese Angst gründete sich auf die Ereignisse in anderen westeuropäischen Ländern, etwa die Streikbewegung im Mai 1968 in Frankreich und die militante Arbeiterbewegung in Italien, vor allem aber auf eine traumatische Erfahrung aus dem Jahr 1969. Damals hatten sich Arbeiter an Rhein und Ruhr, offensichtlich inspiriert von den Studentenprotesten, in »wilden«, nicht von den gewerkschaftlichen Tarifpolitikern initiierten Streiks, außerordentliche Lohnerhöhungen erkämpft. In der Rezession zuvor, der ersten wirklichen in der Geschichte der Bundesrepublik, hatten sich die IG Metall und andere Gewerkschaften, ganz im Geiste der Sozialpartnerschaft, auf eine Politik der Lohnzurückhaltung eingelassen, um die Krise gemeinsam schnell zu bewältigen. Das funktionierte besser als gedacht, die

Unternehmensgewinne explodierten 1969; der Gewerkschaftsapparat hielt sich an die Vereinbarungen, doch die Arbeiter holten sich ihren Anteil an der gewonnenen Wettbewerbsfähigkeit auf eigene Faust. Eine für das Stinnes-Legien-Modell und die gewerkschaftliche Organisation sehr bedrohliche Entwicklung.

Die Funktionäre der Gewerkschaften beschlossen, daraus zu lernen und sich in Sachen Militanz dem Zeitgeist anzupassen. Und die Probe aufs Exempel kam fünf Jahre später. Inzwischen hatte sich die Welt um Deutschland herum allerdings radikal geändert, und zwar im Wesentlichen durch zwei Ereignisse:

Zum einen war dies der Umbruch der internationalen Währungsordnung. Eine der Grundlagen der westlichen Wirtschafts- und Währungsordnung nach dem Zweiten Weltkrieg war das System fester Wechselkurse gewesen, beschlossen auf der Konferenz von Bretton Woods im Juli 1944. Alle Währungen sollten konvertierbar sein und in einem festen Umtauschverhältnis zum Dollar stehen. Die amerikanische Regierung garantierte, dass jeder Dollar zu jeder Zeit zu einem festen Kurs in Gold eingelöst werden konnte. Dieses System brach zu Beginn der siebziger Jahre zusammen, hauptsächlich wegen der Inflation infolge des Vietnam-Kriegs. Im Jahre 1971 kündigte der amerikanische Präsident Richard Nixon einseitig die Verpflichtung der Vereinigten Staaten auf, Dollars jederzeit in Gold einzulösen.

Im Ergebnis führte dies zu einem System flexibler Wechselkurse, in dem sich die Preise der Währungen auf den Devisenmärkten frei bildeten. Die deutsche Wirtschaft konnte jetzt nicht mehr darauf bauen, durch eine unterbewertete D-Mark künstlich Wettbewerbsvorteile auf Auslandsmärkten zu gewinnen. Weil Devisenmärkte, wie alle Märkte, gelegentlich übertreiben, war es sogar möglich, dass die D-Mark, gemessen an der Kaufkraft, überbewertet wurde, was die deutsche Wirtschaft einem zusätzlichen Wettbewerbsdruck aussetzte.

Die Deutsche Bundesbank war jetzt nicht mehr verpflichtet, einen bestimmten Kurs der D-Mark gegenüber dem Dollar zu sichern. Das setzte sie in die Lage, sich ganz auf ihr eigentliches

Ziel zu konzentrieren, die Inflation zu bekämpfen und den inneren Wert der deutschen Währung zu schützen. Plötzlich war es für die Gewerkschaften und die ganze Volkswirtschaft brandgefährlich geworden, so zu tun, als lebe man auf einer Insel. Veränderungen in der Weltwirtschaft wirkten sich viel direkter aus als vor 1971.

Der zweite Einschnitt war die Ölpreiskrise. Am 6. Oktober 1973, dem Versöhnungsfest der Juden (Yom Kippur), griffen ägyptische und syrische Truppen Israel ohne Vorwarnung an, es kam zu einem erbitterten Krieg, der letztlich zu einem Patt im Nahen Osten führte. Am 17. Oktober 1973 beschloss die Organisation Erdöl exportierender Staaten (OPEC), die Ölförderung um fünf Prozent zu kürzen, und zwar so lange, bis Israel sich aus den besetzten Gebieten zurückziehen würde. Die Ölproduktion wurde zwar nach einiger Zeit wieder angehoben; schließlich hatte sich Israel gegen den Angriff der beiden Armeen behauptet, doch die Preise wurden dramatisch erhöht. Im Jahr 1974 musste die Bundesrepublik für ihre Ölimporte rund 17 Milliarden Mark oder 150 Prozent mehr als 1973 zahlen. Der Preis für eine Tonne Erdöl stieg von 82,20 Mark auf 223,87 Mark, also um 172,2 Prozent.

Die Auswirkungen auf die heimische Wirtschaft waren dramatisch. Der Absatz von Autos ging um 24 Prozent zurück. Wegen der knappen Energie mussten einige Betriebe ihre Produktion drosseln. Die Arbeitslosenquote stieg zwischen 1973 und 1974 von 2,2 auf 4,2 Prozent. Das Wirtschaftswachstum ging von 5,3 Prozent (1973) auf 0,4 Prozent (1974) zurück. 1975 schrumpfte die bundesdeutsche Wirtschaft um 1,8 Prozent. Die Industrieproduktion sank um 7,6 Prozent. Die Terms of Trade, also das Verhältnis von Export- zu Importpreisen als Maßstab der Wettbewerbsfähigkeit, sanken deutlich (der indexierte Wert ging in den fünf Jahren von 1970 bis 1975 von 100 auf 95 zurück).

Doch auf die Lohnpolitik der Gewerkschaften hatte all das keine Auswirkungen. Bereits im Jahr 1973 waren die Bruttolöhne in der Industrie um durchschnittlich zwölf Prozent gestiegen; dazu hatten erneut wilde Streiks in den Steinkohlegruben, in der Stahlindustrie und in der metallverarbeitenden Industrie beigetragen. Im Krisenjahr 1974 stiegen, als Reaktion auf die höhere Inflation, die Löhne nochmals um durchschnittlich 11,4 Prozent. Die Konsequenz war absehbar: Die Zahl der Arbeitslosen stieg von 273.000 im Jahre 1973 auf 1,05 Millionen im Jahr 1975. Seit dieser Zeit ist es der Bundesrepublik nie wieder gelungen, Vollbeschäftigung zu erreichen.

Das Scheitern der Sozialpartnerschaft zeigte sich aber nicht so sehr in der Industrie, sondern in einem spektakulären Tarifkonflikt im öffentlichen Dienst. Mitten in der Wirtschaftskrise ging die Gewerkschaft Öffentliche Dienste, Transport und Verkehr (ÖTV) – sie ist heute in der Gewerkschaft Verdi aufgegangen – im Januar 1974 mit einer Forderung von 15 Prozent mehr Lohn und Gehalt, mindestens aber 185 Mark, in die Verhandlungen mit den Vertretern von Bund, Ländern und Gemeinden. Die Begründung lag vollkommen in der Logik des alten Systems: Die Industriegewerkschaften hatten 1973 durchschnittlich zwölf Prozent mehr Lohn und Gehalt durchsetzen können, der Abschluss für den öffentlichen Dienst lag dagegen mit sechs Prozent deutlich niedriger. Außerdem wurde zu Beginn des Jahres »eine Preissteigerung von bis zu 10 Prozent befürchtet«, heißt es auch heute noch entschuldigend auf der Internetseite der ÖTV-Nachfolgerin Verdi: »Die Erwartungshaltung seitens der Gewerkschaftsmitglieder war entsprechend hoch.«

Mit anderen Worten: Der öffentliche Dienst hatte Nachholbedarf, wie dies in der Logik der Sozialpartnerschaft hieß. Neben der ÖTV forderte die Deutsche Postgewerkschaft ebenfalls 15 Prozent. Die konkurrierende Deutsche Angestellten-Gewerkschaft (DAG) wollte 14 Prozent mehr; auch sie war in dem System gefangen, das sich plötzlich gegen die wirtschaftliche Vernunft richtete. Bundeskanzler Willy Brandt versuchte mit Blick auf den Bundeshaushalt hinhaltenden Widerstand zu leisten. Es dürfe »kein zweistelliges Ergebnis« werden, forderte er. Entsprechend boten die öffentlichen Arbeitgeber 9,5 Prozent mehr Lohn und Gehalt, was die Gewerkschaften umgehend ablehnten. Der charismatische ÖTV-Vorsitzende Heinz Kluncker setzte Urabstimmung und Streik durch. Nach drei Tagen gab Brandt klein bei: Die öffentlichen Bediensteten bekamen 11 Prozent, mindestens 170 Mark mehr Lohn und Gehalt.

Niemand traute sich damals, die ökonomische Logik des gewerkschaftlichen Kurses zu benennen: Die ÖTV und mit ihr die anderen Gewerkschaften versuchten, von den Arbeitgebern und den deutschen Steuerzahlern jene Milliarden zu holen, die infolge der Ölpreissteigerungen und der damit verbundenen verschlechterten Wettbewerbsbedingungen unwiderruflich ins Ausland geflossen waren. Ein offensichtlich unmögliches Unterfangen, das ökonomische Desaster war absehbar. Bundeskanzler Brandt wurde durch den ÖTV-Streik nachhaltig geschwächt; zurücktreten musste er schließlich, weil die DDR einen Spion als persönlichen Referenten im Kanzleramt platzieren konnte. Vor allem aber beendete Kluncker, ohne es zu wollen, eine Illusion, die Illusion, die Regierung könne in einem Nationalstaat bei offenen Grenzen nach freiem Belieben Vollbeschäftigungspolitik betreiben, ohne auf die Verhältnisse der Weltwirtschaft Rücksicht zu nehmen. Aus heutiger Sicht waren es auch die Gewerkschaften, die die Versuche der Bundeskanzler Brandt und Helmut Schmidt vereitelten, mit Konjunkturprogrammen zur Vollbeschäftigung zurückzukehren. Die Lektion wurde allerdings ein Vierteljahrhundert lang nicht gelernt.

Vielleicht lag es daran, dass andere Länder in der Situation ihre eigenen Fehler machten, wodurch die Arbeitslosigkeit dort noch stärker stieg als in der Bundesrepublik. Es hätte ja zunächst auch einen sehr einfachen Weg gegeben, den Zwängen der Anspruchsinflation zu entgehen, die die Gewerkschaften zu Beginn der siebziger Jahre in Gang gesetzt haben: den der offenen Inflation. Diesen Weg ging zum Beispiel Italien. Dort setzten die Arbeiterorganisationen die automatische jährliche Lohnanpassung (*scala mobile* = Rolltreppe) durch – eine Maschine zur regelmäßigen Geldentwertung, an deren Ende eine schwere Anpassungskrise stand, deren Kosten die italienischen Arbeitnehmer bis heute tragen müssen. Derzeit teilt sich Italien mit Deutschland den Platz als Schlusslicht der EU in der Wachstumsstatistik.

In Deutschland konnte dieser Weg nicht funktionieren; dafür sorgte ein weiterer Mitspieler: die Deutsche Bundesbank. Die Währungsbehörde war schon immer, anders als in fast allen anderen europäischen Ländern, von Weisungen der Regierung unabhängig. Ursprünglich war diese Unabhängigkeit eine Vorsichtsmaßnahme gewesen, die die Alliierten der jungen Bundesrepublik verordnet hatten, später erwies sie sich als entscheidender Faktor für das Ansehen, das die D-Mark genoss. Und als das System fester Wechselkurse zusammenbrach, konnte die Bundesbank ihre Stärke voll ausspielen. Schließlich war sie nicht mehr gezwungen, auf einen bestimmten Wechselkurs Rücksicht zu nehmen.

Der Zentralbankrat ging zu einem Konzept der Geldmengensteuerung über und beschloss, die grassierende Inflation durch die drastische Erhöhung der Zinsen zu bekämpfen.

Ursprünglich hatten die Deutschen die Inflation aus den Vereinigten Staaten importiert – als Nebenprodukt der unsoliden Finanzierung des Vietnamkrieges durch die Präsidenten Lyndon B. Johnson und Richard Nixon. Die Gewerkschaften hatten daraufhin eine inflationäre Spirale in Gang gesetzt. Die stoppte die Bundesbank auf brutale Weise. Der Diskontsatz, der im September 1972 noch bei 3,00 Prozent gelegen hatte, stieg im Juni 1973 auf 7,00 Prozent und lag am Ende des Krisenjahres 1974 immer noch bei 6,00 Prozent – gemessen an der bisherigen Geschichte der Bank war das ein beispielloser Vorgang. Gleichzeitig machte die Bank durch die Nennung eines Geldmengenzieles klar, dass sie konsequent auf Anti-Inflationskurs bleiben würde.

Die Lohnpolitik geriet mit der Geldpolitik und dem weltwirtschaftlichen Umfeld in einen schweren Konflikt.

Der Schwenk der Bundesbank 1974 war auch geistesgeschichtlich von kaum zu unterschätzender Bedeutung. Das Konzept der Geldmengensteuerung stammte von dem amerikanischen Ökonomen Milton Friedman, dem Haupt der so genannten Chicagoer Schule, der 1976 den Nobelpreis bekam. Die Bundesbank war die erste Notenbank der westlichen Welt, die Friedmans Konzept, das auch als Monetarismus bezeichnet wird, umsetzte. Friedman, und mit ihm die Bundesbank, leiteten damit einen Paradigmenwechsel ein: weg von Nachfragesteuerung und staatlicher Planung hin zu freien Märkten und unverfälschtem Kapitalismus. In der Bundesrepublik wurde das Konzept erstmals in einem Teilbereich, der Geldpolitik, erprobt, entsprechend scharf waren die Konflikte, die die Bundesbank auslöste. Sie schaffte es trotzdem, eine der angesehensten Institutionen der Bundesrepublik zu werden.

Denkt man in den Kategorien des Klassenkampfes, dann hatten die Arbeitnehmer zu Beginn der siebziger Jahre einen großen Sieg errungen: Sie hatten eine massive Umverteilung zu ihren Gunsten erreicht. Die Lohnquote, also der Anteil des Bruttoeinkommens aus unselbstständiger Arbeit am Volkseinkommen, stieg von 65 Prozent 1965 auf 75 Prozent 1975. Nur hatte niemand die Auswirkungen bedacht: eine Verringerung der gesamtwirtschaftlichen Kapitalrendite, was zu stagnierenden Investitionen und zu steigenden Arbeitslosenzahlen führte.

Der damalige Bundeskanzler Helmut Schmidt versuchte die Arbeitslosigkeit nach den Lehren von John Maynard Keynes mit Beschäftigungsprogrammen zu bekämpfen, also jenen Lehren, die durch den Kurswechsel der Bundesbank langsam obsolet wurden. Das hätte vielleicht noch funktionieren können, schließlich hat auch Milton Friedman die Kreislaufzusammenhänge von Angebot und Nachfrage nicht außer Kraft gesetzt, aber nur dann, wenn die Gewerkschaften Lohndisziplin gewahrt hätten. Dem verweigerten sie sich aber von vornherein. Öffentlich verhandelte Lohnleitlinien blieben ein Tabu für die Arbeitnehmer – zum Teil erklärlich aus ihrer Geschichte.

Nun trug diese Aversion zum Scheitern der mit großen Hoffnungen verbundenen Vollbeschäftigungspolitik über den Staatshaushalt bei. Die so genannte konzertierte Aktion, ein im Stabilitäts- und Wachstumsgesetz von 1967 vorgesehenes Gremium aus Vertretern von Staat, Verbänden und Bundesbank – hier hätten eigentlich Lohnleitlinien ausgehandelt werden sollen –, wurde nach dem Austritt der Gewerkschaften 1976 nicht mehr einberufen.

Seit 1974 schaukelt sich die Arbeitslosigkeit in der Bundesrepublik von Krise zu Krise immer weiter hoch, und zwar so zuverlässig, dass dies inzwischen als eine quasi naturgesetzliche Entwicklung wahrgenommen wird. Der Satz hat sich eingebürgert: »Uns geht die Arbeit aus« – so als sei Arbeit ein dem Erdöl oder der Kohle vergleichbarer Rohstoff. Als die Gewerkschaften merkten, dass die Beschäftigungspolitik über den Bundeshaushalt nicht mehr funktionierte und sich auch die alte expansive Lohnpolitik an den Realitäten stieß, gingen sie konsequenterweise dazu über, den vermeintlichen Rohstoff Arbeit zu rationieren. So als könne man in einer Volkswirtschaft mit offenen Grenzen überhaupt eine Ware nach den Regeln eines Kartells umverteilen. Es war vor allem die IG Metall unter ihrem Vorsitzenden Franz Steinkühler, die hier die Entwicklung anführte. Im Jahr 1978 gab es in der Stahlindustrie die ersten Streiks für die 35-Stunden-Woche, 1984 erzwang die Gewerkschaft durch einen harten Streik in der baden-württembergischen Metallindustrie die Einführung der 38,5-Stunden-Woche; es dauerte aber noch bis in die Mitte der neunziger Jahre, dass in Westdeutschland die Regelarbeitszeit bei 35 Stunden festgelegt wurde.

Andere Gewerkschaften, unterstützt vor allem von der Bundesregierung aus CDU/CSU und FDP und deren langjährigem Arbeitsminister Norbert Blüm, wählten eine andere Strategie der Arbeitszeitverkürzung: Sie verkürzten nicht die Wochen-, sondern die Lebensarbeitszeit. Ältere Arbeitnehmer wurden einfach vorzeitig in Rente geschickt; die Kosten dafür übernahmen die Sozialkassen, sprich: die Beitragszahler. Dadurch stiegen tendenziell die Beiträge zur Arbeitslosen- und Rentenversicherung und damit die Lohnnebenkosten. Das Problem, das die Arbeitslosigkeit mit verursacht hatte, die zu hohen Arbeitskosten, wurde noch verschärft. 35-Stunden-Woche, Vorruhestand und steigende Lohnnebenkosten mauerten den deutschen Arbeitsmarkt ein, das Kartell legte den Keim zu seiner eigenen Zerstörung.

Dazu kam ein weiterer Faktor: Die Gewerkschaften orientierten sich bei ihren Lohnforderungen an der sehr produktiven und dem internationalen Wettbewerb ausgesetzten Metallindustrie. Das ging zu Lasten weniger produktiver Branchen und Betriebe. Einfachere Tätigkeiten wurden zusätzlich verteuert, weil die Gewerkschaften bei jeder Tarifrunde einen festen Sockelbetrag forderten. Die Lohnentwicklung in der Bundesrepublik verlief relativ egalitär, während die Lohnspreizung in anderen Industrieländern zunahm. Die Wettbewerbsposition gering qualifizierter Arbeitnehmer in der Bundesrepublik wurde so immer schlechter; die Gewerkschaften haben sie im wahrsten Sinne des Wortes aus dem Markt geworfen. Bei Männern ohne höhere Schulbildung lag die Arbeitslosigkeit in Deutschland 2001 bei 14,2 Prozent – so hoch wie in keinem anderen Industrieland. So weist es jedenfalls die Statistik der Organisation für wirtschaftliche Zusammenarbeit und Entwicklung (OECD) aus. In Großbritannien lag die entsprechende Quote bei 11,9 Prozent, in Frankreich bei 10,7 Prozent. Und dies Ergebnis erzielten die Gewerkschaften im Bewusstsein, den Unternehmern »Zugeständnisse« abgerungen zu haben.

Eigentlich haben die Gewerkschaften die Erfahrung gemacht, dass sich Lohnzurückhaltung lohnt. Immer dann, wenn die Lohnabschlüsse im Rahmen des Produktivitätsfortschritts oder etwas darunter lagen, stieg die Beschäftigung mit einer gewissen Verzögerung. Aber aus der Erfahrung wurden nie die richtigen Schlüsse gezogen; die Organisationslogik in Deutschland ist immer noch so, dass die Gewerkschaften glauben, bei den Löhnen bestehe »Nachholbedarf«, sobald die Dinge ein bisschen besser laufen, sie müssten darauf achten, dass es den Unternehmen nicht zu gut geht. Im Jahr 2002 kostete eine Arbeitsstunde in der westdeutschen Industrie 26,36 Euro, 11,82 Euro davon waren Sozialbeiträge und andere Lohnnebenkosten. Westdeutschland war dabei zum ersten Mal seit vielen Jahren nicht mehr das teuerste Industrieland – sondern nur noch das zweitteuerste, nach Norwegen, wo die Löhne besonders stark gestiegen sind und dessen Währung, die Krone, gegenüber dem Euro stark aufgewertet worden ist. In den Vereinigten Staaten kostete eine Stunde 22,44 Euro, in Großbritannien 19,89 Euro und in Frankreich 19,50 Euro. Gemessen am Durchschnitt der betrachteten Konkurrenzländer ist Arbeit in Westdeutschland um 28 Prozent teurer, ein Jahr vorher waren es noch 25 Prozent. Die Wettbewerbsfähigkeit deutscher Arbeitnehmer ist also weiter gesunken.

Das zeigt sich im internationalen Vergleich. Die offizielle Arbeitslosenquote ist in Deutschland von 7,7 Prozent im Jahr 1992 auf 11,4 Prozent 1997 gestiegen und scheint sich jetzt bei 11 Prozent einzupendeln. Damit liegt Deutschland innerhalb Europas immer noch im Mittelfeld, »auffällig und bedenklich« sei jedoch, so schreibt der Sachverständigenrat in seinem Jahresgutachten 2002/2003, dass sich in allen Ländern mit hoher Arbeitslosigkeit während der vergangenen Jahre die Lage gebessert hat – außer in Deutschland. Die strukturelle Arbeitslosigkeit, also jene Zahl der Arbeitssuchenden, die auch in der Hochkonjunktur nicht auf den Arbeitsmarkt zurückkehren, ist in Deutschland zwar niedriger als in Frankreich und Italien, jedoch deutlich höher als in den Niederlanden, in Großbritannien oder in den Vereinigten Staaten. Vor allem ist das Problem der strukturellen Arbeitslosigkeit in fast allen Industrieländern besser geworden – außer in Deutschland.

Das hat nicht nur mit der Höhe der Löhne zu tun, sondern auch mit der Überregulierung des Arbeitsmarktes, mit Kündigungsschutz, Arbeitsrecht, Urlaubsregelungen und anderem. Der Sachverständigenrat schreibt weiter:

In normalen Zeiten fallen Inflexibilitäten nicht weiter auf, weil sich die Akteure auf dem Arbeitsmarkt daran gewöhnt und ihr Verhalten entsprechend angepasst haben. Treten dann aber unvorhergesehene, negative Schocks ein, erweisen sich Starrheiten als Bremse für die wirtschaftliche Entwicklung, indem sie die Anpassung an ein neues Gleichgewicht verhindern oder zumindest verzögern. Sie sind verantwortlich für die Sperrklinkeneffekte auf dem Arbeitsmarkt und den treppenförmigen Anstieg der Arbeitslosigkeit.

Solche Schocks hat die deutsche Volkswirtschaft immer wieder erlitten: den Ölpreisschock 1973, die zweite Ölkrise, die Beschleunigung der Globalisierung. Und immer haben die Deutschen gedacht, sie könnten so weitermachen wie bisher. Doch nun kam der Schock der Wiedervereinigung und der hat die alten Verhältnisse gesprengt. Ohne die Liberalisierung des Arbeitsmarktes geht es nicht mehr, jeder Tag, an dem die nötigen Reformen verzögert werden, verschlimmert das Problem. Und niemand ist vor neuen Schocks gefeit. Der internationale Terrorismus und die Anschläge auf Ölanlagen in Saudi-Arabien im Frühjahr 2004 haben gezeigt, wie groß die internationalen politischen Risiken für die Wirtschaft aller Industrieländer sind.

Keine Revolution – Reformvorschläge

So wie wir bisher gewirtschaftet haben, geht uns tatsächlich die Arbeit aus. Und wir sind selber schuld daran.

Was ist zu tun? Es wäre eine Illusion, zu glauben, der in Jahrzehnten aufgebaute Sockel der Massenarbeitslosigkeit in Deutschland könne innerhalb kurzer Zeit abgebaut werden; aber die Vorschläge, wie das Ziel mittelfristig zu erreichen wäre, liegen auf dem Tisch. Sie sind weniger radikal als manche befürchten. Zum Beispiel wäre es falsch, der Volkswirtschaft die regelrechte Kürzung von Barlöhnen zu verordnen. Die Forderung ist kurzsichtig, denn Nominallohnkürzungen setzen eine verhängnisvolle Spirale von sinkender Nachfrage, sinkenden Erwartungen, sinkenden Gewinnen und erneut sinkenden Erwartungen in Gang. Das hat sich in der Weltwirtschaftskrise nach 1929 in den großen Industrieländern gezeigt. Richtig ist es, die Lohnstruktur an die heutigen Verhältnisse in der Weltwirtschaft anzupassen und dabei jene Verwerfungen zu korrigieren, die die deutsche Wirtschaft seit den frühen siebziger Jahren belasten. Außerdem geht es darum, dass die Lohnpolitik die Konsequenzen aus dem ökonomischen Schock der Vereinigung Deutschlands zieht. Im Kern geht es um drei Maßnahmenblöcke:

1. Die Tariflöhne sollen auch in Zukunft weiter steigen, aber die Erhöhung muss *unterhalb* des Zuwachses der Arbeitsproduktivität bleiben. Das hat der Sachverständigenrat zur Begutachtung der gesamtwirtschaftlichen Lage in seinem Jahresgutachten 2002 vorgeschlagen. Traditionell wird der so genannte Verteilungsspielraum bei Tarifverhandlungen errechnet, indem man das trendmäßige Wachstum der Arbeitsproduktivität nimmt und die von der Europäischen Zentralbank angepeilte

Inflationsrate addiert. Liegt die erste Größe zum Beispiel bei 2,0 Prozent und die zweite bei 1,5 Prozent, dann wäre Raum für eine Lohnerhöhung von 3,5 Prozent. Damit wäre aber noch nichts getan für den Abbau der Arbeitslosigkeit. Würden dagegen die Löhne nur um die Hälfte, also um 1,75 Prozent erhöht, dann hätte sich die Wettbewerbsfähigkeit der Industrie um die verbliebenen 1,75 Prozent verbessert. Den Spielraum könnten die einen nutzen, um neu zu investieren, die anderen, um weniger produktive Arbeitsplätze *nicht* abzubauen. Und die Beschäftigten hätten trotzdem mehr Geld auf dem Konto.

Wohl wahr, es gibt keine Garantie, dass die Unternehmen diesen Spielraum auch tatsächlich nutzen. Dazu ist eine Vielzahl individueller Entscheidungen von Vorständen und Firmeneignern notwendig, und die hängen wieder vom Talent der Manager, von den Märkten und den Rahmenbedingungen ab, die die Wirtschaftspolitik vorgibt. Aber wenn die Lohnpolitik diesen Spielraum nicht schafft, dann passiert eben garantiert gar nichts.

2. Die Deutschen müssen wieder länger arbeiten, und zwar, je nach Branche und Aufgabe, mit und ohne Lohnausgleich. Zwar ist die Verkürzung der Arbeitszeit eine uralte Forderung der Arbeiterbewegung; sie war ursprünglich wichtig, um den Arbeitern menschenwürdige Arbeitsbedingungen zu sichern. Damals ging es um den Acht-Stunden-Tag und den freien Samstag. Doch seit zwanzig Jahren kämpfen die Gewerkschaften um kürzere Arbeitszeiten, um die Arbeitslosigkeit zu bekämpfen. Die Forderung klingt auch deshalb so plausibel, weil das Modell auf einzelbetrieblicher Ebene funktioniert. Ein Unternehmen, das in eine Absatzflaute gerät, meldet Kurzarbeit an, um die schweren Zeiten ohne Entlassungen durchzustehen. Volkswagen und die Deutsche Telekom haben anspruchsvolle Modelle der Vier-Tage-Woche entwickelt, um ihre Belegschaft halten oder sie zumindest mit möglichst geringen sozialen Kosten abbauen zu können. Doch in diesen und anderen vergleichbaren Fällen geht es immer um Defensivmaßnahmen einzelner Unternehmen; der Analogieschluss auf die gesamte Volkswirtschaft führt in die

Irre. Gesamtwirtschaftlich ist das genaue Gegenteil notwendig. Wenn ein Unternehmen die Arbeitszeit hoch qualifizierter Mitarbeiter mit Lohnausgleich verlängert, dann ist es vielleicht ein paar Monate früher mit einem wichtigen Produkt bei den Kunden und kann so seine Marktposition sichern. Wenn ein anderes die Arbeitszeit der gesamten Belegschaft ohne Lohnausgleich verlängern kann, dann sinken die Lohnkosten, ohne dass die Arbeitnehmer deswegen weniger in der Tasche hätten. Das läuft zwar auf eine Kürzung der Stundenlöhne hinaus; entscheidend für die Familienkasse ist aber doch, was effektiv auf das Gehaltskonto überwiesen wird. Sinngemäß gilt dies auch für den öffentlichen Dienst. Wenn Lehrer, Polizeibeamte und Busfahrer für das gleiche Geld länger arbeiten, können Städte und Landesverwaltungen ihre Leistungen auch bei knappen Kassen leichter aufrechterhalten. Die Vereinbarungen zwischen Management und Betriebsrat über die Verlängerung der Arbeitszeit und den Abbau von Privilegien bei Siemens und DaimlerChrysler im Sommer 2004 gehören vor diesem Hintergrund zu den hoffnungsvollsten Ereignissen der jüngsten Zeit.

3. Die Deutschen müssen *flexibler* werden. Die Tarifverträge haben das Kostenniveau über die gesamte Wirtschaft und ohne Ansehen des einzelnen Betriebes in die Höhe getrieben. Zwar gibt es auch heute schon die Möglichkeit für einen Betrieb, von dem Vertrag abzuweichen und niedrigere Löhne zu zahlen oder länger arbeiten zu lassen, aber nur in einer echten Krise und nach Überwindung zahlreicher bürokratischer Hürden. Das reicht angesichts der Verwerfungen in der deutschen Wirtschaft nicht mehr. Die Lösung des Problems sind gesetzliche Öffnungsklauseln: Wenn die Geschäftsführung eines Betriebes und der jeweilige Betriebsrat sich einig sind, dann müssen sie künftig das Recht haben, nach unten vom Tarifvertrag abzuweichen, wenn dadurch Beschäftigung gesichert oder neu geschaffen wird. Man kann es auch anders ausdrücken: Es wäre falsch, der gesamten Volkswirtschaft Lohnsenkungen zu verordnen, aber es dient sehr wohl den Arbeitnehmern, wenn bei Bedarf in Betrieben Lohn-

senkungen zugelassen werden, auf dass die fraglichen Jobs nicht ausgelagert werden. Wenn sich Gewerkschaften und Arbeitgeber nicht freiwillig auf die Öffnung von Tarifverträgen einigen, muss der Gesetzgeber solche Öffnungsklauseln vorschreiben.

Die Tarifparteien müssen auch mehr Unterschiede zwischen den einzelnen Branchen und innerhalb der Branchen zulassen. Vielleicht kann die Autoindustrie eine größere Lohnerhöhung verkraften als der Maschinenbau oder umgekehrt. Die Tarifparteien müssen den Unternehmen wieder Luft zum Atmen lassen, und der einzelne Arbeitsplatz muss vom Kostendruck entlastet werden. Das starre System des Flächentarifvertrags hat seine Dienste getan bei stabilen weltwirtschaftlichen Bedingungen. Nun, nach der Wiedervereinigung und im harten globalen Wettbewerb, treibt es die Jobs aus dem Land. Dabei sind die notwendigen Veränderungen maßvoll: Niemand kann verlangen, dass die Löhne in Deutschland auf das polnische Niveau von knapp vier Euro sinken, das ist auch gar nicht notwendig. Aber warum sollte man einen Arbeitsplatz bloß deshalb aufgeben, weil man nicht bereit ist, die Kosten von 26 auf 23 Euro in der Stunde zu senken? Letztlich ist es eine Frage der praktischen Vernunft.

Es ist keine Revolution notwendig auf dem deutschen Arbeitsmarkt. Wenn aber heute keine entschlossenen Reformen eingeleitet werden, dann wird die Revolution immer wahrscheinlicher. In Ostdeutschland setzt sich schon heute ein Niedriglohnsektor mehr oder weniger spontan durch, weil die Menschen lieber für wenig Geld arbeiten als tatenlos zu Hause zu sitzen. Ein Stundenlohn von 3,50 Euro ist zwischen Rostock und Suhl nichts Ungewöhnliches mehr. Die Tarifautonomie von Gewerkschaften und Arbeitgebern könnte bestehen bleiben, ebenso das alte Stinnes-Legien-Modell in seinen Grundzügen. Es wäre auch dumm, dies völlig abzuschaffen, schließlich hat es nach dem Zweiten Weltkrieg zwanzig Jahre lang hervorragend funktioniert. Und Systeme der kollektiven Lohnfindung gibt es überall, woraus zu schließen wäre, dass man nicht versuchen sollte, das Rad dauernd neu zu erfinden.

Doch obwohl die Reformvorschläge so moderat sind und von fast allen Ökonomen unterstützt werden, leisten die Gewerkschaften erbitterten Widerstand dagegen. Das Problem liegt in den Köpfen. Damit die Reformen die Gesellschaft nicht zerreißen, müssen die Mythen und Lügen rund um die Lohnverhandlungen beseitigt werden: Tarifverträge haben nichts mit Klassenkampf zu tun. Das Geld, das bei den Tarifrunden nicht verteilt wird, wandert nicht automatisch in die Taschen der Kapitalisten, sondern schafft, wenn die Rahmenbedingungen stimmen, neue Arbeitsplätze. Es wächst auch die Möglichkeit, von Tarifverträgen nach oben abzuweichen. Manche Kritiker unseres Tarifvertragssystems bezeichnen es als »Tarif-« oder »Lohnkartell«. Man kann sich darüber streiten, wie sinnvoll dieser Begriff ist, bedenkenswert an ihm ist aber, dass die Teilnehmer des Tarifvertragssystems, wenn sie sich falsch verhalten, in eine Falle geraten, die allen Kartellbrüdern droht: Das Kartell wird gesprengt, sobald es kompetente Außenseiter gibt. Und diese Außenseiter sind die qualifizierten und ehrgeizigen Arbeitnehmer überall auf dem Globus, die ihre Chance wahrnehmen wollen.

Es wäre also gut, wenn die IG Metall bei der nächsten Tarifrunde die Trillerpfeifen und die roten Fahnen zu Hause ließe und an die Menschen dächte, die gerne einen sicheren Arbeitsplatz hätten.

Wir, die Export-Weltmeister

Wenn Unternehmer darüber klagen, dass die deutsche Wirtschaft nicht mehr wettbewerbsfähig sei, werfen Gewerkschafter in der Regel ein: Aber wir sind doch Export-Weltmeister! Als im vergangenen Frühling Siemens-Chef Heinrich von Pierer damit drohte, unrentable Arbeitsplätze ins Ausland zu verlagern und von der IG Metall Zugeständnisse verlangte, hieß es auf der Internetseite der IG Metall: »Von mangelnder Wettbewerbsfähigkeit kann keine Rede sein: Deutschland ist Export-Weltmeister. Nach Deutschland ist in den vergangenen Jahren zwar immer mehr eingeführt worden: Zwischen 1995 und 2002 sind die Importe in der Metallverarbeitung um 104,6 Milliarden Euro auf 230,3 Milliarden Euro angewachsen. Im gleichen Zeitraum stiegen die Exporte jedoch um 181,2 Milliarden Euro auf 381,6 Milliarden Euro. Der Exportüberschuss ist also deutlich gewachsen.«

Will man den Streit um die Wettbewerbsfähigkeit richtig bewerten, muss man die Statistik ein wenig genauer betrachten. Zunächst einmal hat die IG Metall nicht ganz Recht, denn Deutschland ist nur Export-*Vize*weltmeister. Tatsächlich hatten deutsche Exporteure im Jahr 2002 einen Anteil an den gesamten Warenexporten der Welt von 9,6 Prozent. Der Anteil wurde nur von den Vereinigten Staaten mit 10,6 Prozent übertroffen. Im Jahr 2003 haben sich die Verhältnisse für Deutschland sogar noch verbessert. Insgesamt haben deutsche Unternehmen in den zwölf Monaten Waren für 746,9 Milliarden Dollar exportiert, die Vereinigten Staaten dagegen nur für 713,8 Milliarden Dollar. In einem gewissen Sinne waren wir also 2003 tatsächlich Export-Weltmeister.

Es gibt aber nicht nur Waren, die man anfassen kann, sondern auch Dienstleistungen, und wenn die hinzugerechnet werden, haben die Amerikaner insgesamt 1018 Milliarden Dollar exportiert, die Deutschen 860 Milliarden Dollar. Außerdem kam der deutschen Ausfuhrstatistik die Tatsache zugute, dass in der Zwischenzeit der Euro gegenüber dem Dollar deutlich aufgewertet wurde. Schon bei einem genaueren Blick auf die Statistik relativiert sich die Euphorie hinsichtlich des Ausfuhr-Champions Deutschland also ein wenig.

Aber man sollte nicht undankbar sein, Vizeweltmeister ist ja auch nicht schlecht und auf jeden Fall haben die Deutschen die Exportnation Japan (Weltmarktanteil 6,5 Prozent) um Längen geschlagen. Zwar ist der Anteil der Deutschen im Laufe des vergangenen Jahrzehnts tendenziell gesunken (1990 lag er noch bei 11,9 Prozent), aber das ist statistisch hauptsächlich auf das enorme Wachstum des chinesischen Außenhandels zurückzuführen (Exportanteil 2002: 5,1 Prozent) und insofern ein Zeichen der Normalisierung. Und in jüngster Zeit ist der Anteil der Deutschen am Welthandel sogar noch gestiegen: Offensichtlich ist es deutschen Unternehmen besser als anderen gelungen, von der wieder anziehenden Weltkonjunktur zu profitieren.

Bemerkenswert ist dabei, dass die Exporte gestiegen sind, obwohl der Euro stark aufgewertet wurde, was den europäischen Unternehmen eigentlich zunächst einmal schaden müsste. Die guten Zahlen bedeuten, dass die deutschen Unternehmen wettbewerbsfähiger geworden sind. Die Deutsche Bundesbank ermittelt regelmäßig einen Indikator der »preislichen Wettbewerbsfähigkeit«, der die Preisentwicklung Deutschlands in Relation zu den Preisen in 19 Industrieländern unter Berücksichtigung von Änderungen der Wechselkurse misst. Am Ende des dritten Quartals 2003 (die letzte verfügbare Zahl) lag dieser Indikator um 2,9 Prozent höher als im langfristigen Durchschnitt seit 1975 und auch noch leicht höher als 1999. Die Europäische Kommission bescheinigte den Deutschen eine international gestiegene Wettbewerbsfähigkeit.

Ein ähnliches Bild ergibt die Leistungsbilanz, also das Verhältnis von Einfuhren und Ausfuhren an Waren und Dienstleistungen. Sie war 2001 zum ersten Mal seit der Wiedervereinigung wieder positiv, die Exporte überstiegen den Wert der Importe. Im Jahr 2002 erreichte der Überschuss 3,0 Prozent des Bruttoinlandsprodukts (BIP), 2003 ging der Überschuss leicht auf 2,5 Prozent zurück. Auch für das laufende Jahr sagen die Experten steigende Ausfuhren voraus.

Wir sind also wettbewerbsfähig. Wo liegt dann das Problem? Hier muss man zunächst einmal zurückfragen: Wer ist gemeint mit »wir«, wenn es heißt, »wir« seien wettbewerbsfähig? Tatsächlich gibt es sehr profitable Unternehmen, die im Ausland gutes Geld verdienen; diese sind definitionsgemäß wettbewerbsfähig. Zusammen erwirtschaften diese Unternehmen die Exporte, die in die deutsche Außenwirtschaftsstatistik eingehen und das schöne Plus in der Leistungsbilanz ausmachen. Wer aber nicht wettbewerbsfähig ist, das sind zwischen vier und sechs Millionen deutsche Arbeitnehmer. Und dies ist das Problem, das von der Exportstatistik nicht wiedergegeben wird, oder jedenfalls nicht auf den ersten Blick.

Hier muss man noch einmal nach dem Preis der Arbeit fragen. Dabei stiftet ein Fachterminus viel Verwirrung: die *Lohnstückkosten*. Auch hier ist der geläufige Einwand der Gewerkschaften nicht ganz falsch: Es kommt im internationalen Wettbewerb nicht in erster Linie darauf an, wie viel Geld ein Arbeiter in der Stunde verdient, sondern wie viel er in dieser Stunde schaffen kann. Die Frage ist aus Sicht zum Beispiel eines BMW-Managers: Wie viel Auto bekomme ich pro Arbeiterstunde? Und genau das sind die Lohnstückkosten: Das Verhältnis von Arbeitskosten je Beschäftigtenstunde zur Produktivität. Internationale Vergleiche sind schwierig, da man die Werte um Preise und Wechselkurse bereinigen muss und die nationalen Statistiken nicht unbedingt miteinander vergleichbar sind. Immerhin lassen sich klare Tendenzen erkennen, und die sehen auf den ersten Blick gut aus für die Deutschen: Sie sind zwar teuer, aber auch vergleichsweise produktiv. Aber das ist nur die halbe Wahrheit.

Das Problem lässt sich am Beispiel einer Autofabrik klar machen. Wenn die Firma ihre Produktion bei gleichen Kosten um zwei Prozent erhöht, dann ist deren Produktivität um zwei Prozent gestiegen; die Löhne der Arbeiter könnten nun um zwei Prozent steigen, ohne dass die Wettbewerbsfähigkeit leidet. Da die Löhne nur einen Teil der Kosten ausmachen, würde sogar noch ein wenig Produktivitätsfortschritt in der Firma bleiben. Was ist aber, wenn die Produktivität nicht dadurch steigt, dass mehr Autos produziert wurden, wie im obigen Beispiel, sondern durch ein hartes Kostensenkungsprogramm? Zum Beispiel dadurch, dass der am wenigsten produktive Teil der Fertigung aus der deutschen Fabrik nach Tschechien ausgelagert wurde, wodurch die Belegschaft hierzulande halbiert wird. Auch bei einer derartigen Produktivitätssteigerung entsteht rein rechnerisch ein Spielraum, der für höhere Löhne genutzt werden könnte. Aus Sicht der eingesparten deutschen Arbeiter ist dies aber eine zynische Logik, denn die verbleibenden Kollegen würden sich eine Lohnerhöhung genehmigen, die allein dadurch möglich wurde, dass sie ihren Arbeitsplatz verloren haben. Der Sachverständigenrat zur Begutachtung der gesamtwirtschaftlichen Lage spricht hier von einer »Entlassungsproduktivität«.

Im Grunde machen sich die Deutschen mit ihren hohen Lohnsätzen etwas vor. Aus der Sicht des einzelnen Arbeitnehmers, der einen sicheren Job hat und für den die Gewerkschaft eine Lohnerhöhung aushandelt, mag der Vorgang eine gewisse Logik haben. Schließlich hat er am Monatsende mehr Geld auf dem Konto. Aber der Vorteil schmilzt bei etwas längerfristiger Betrachtung dahin: Wenn die Lohnerhöhungen dazu führen, dass Menschen aus der Arbeit gedrängt werden, dann zahlen auch die, die noch in Lohn und Brot stehen, weil sie die anderen finanzieren müssen. Und das bedeutet höhere Sozialbeiträge. Höhere Beiträge aber ziehen wiederum höhere Lohnnebenkosten nach sich. Die Arbeit wird noch einmal teurer und noch mehr Arbeitsplätze werden unsicherer.

Inwiefern die höheren Löhne trügerisch sind, zeigt der internationale Vergleich: In den Jahren des Wirtschaftswunders nach 1949 hat sich das Pro-Kopf-Einkommen in der Bundesrepublik schrittweise dem der Vereinigten Staaten genähert. Der Aufholprozess kam Ende der siebziger Jahre zum Stillstand, als die Westdeutschen ungefähr achtzig Prozent der amerikanischen Werte erreicht hatten. In den 80er Jahren stagnierte die Bundesrepublik, holte im Wiedervereinigungsboom noch einmal auf, um dann deutlich zurückzufallen. Das war zunächst einmal der statistische Effekt des Beitritts der DDR zur Bundesrepublik; beunruhigend ist, dass sich der Rückstand in der zweiten Hälfte der neunziger Jahre sogar noch vergrößerte. Nach der Statistik des Internationalen Währungsfonds erwirtschaftete im Jahr 2002 jeder Bundesbürger 26.000 Dollar, ein Amerikaner dagegen 35.000 Dollar, wobei Unterschiede in der Kaufkraft berücksichtigt wurden. Die Deutschen kommen also nur noch auf 74 Prozent der amerikanischen Wirtschaftsleistung pro Kopf. Eine Arbeitsstunde in Westdeutschland kostet dagegen 17 Prozent mehr als eine amerikanische, ein offensichtliches Missverhältnis.

Auch der Vergleich innerhalb Europas ist aufschlussreich. Im Jahr 1990 machte das Bruttoinlandsprodukt pro Kopf in der Bundesrepublik 154 Prozent vom Rest der EU aus. Durch die Wiedervereinigung sank der Wert statistisch auf 136 Prozent – auch dies zunächst nicht beunruhigend; wirklich alarmierend ist, dass dieser Wert bis 2001 weiter auf 127 Prozent gesunken ist. Man kann sich darüber streiten, ob die Engländer und Franzosen die Deutschen im Pro-Kopf-Einkommen tatsächlich schon überholt haben; nach der letzten IWF-Statistik ist dies bisher noch nicht der Fall; aber der Abstand ist zu vernachlässigen, er liegt bei ein paar hundert Euro. 1978 jedoch erwirtschafteten die Westdeutschen pro Kopf noch gut doppelt so viel wie die Briten.

Das zeigt: Hohe nominale Lohnsätze sind ein zwiespältiger Fortschritt, wenn gleichzeitig Arbeitslosigkeit herrscht; sie haben einen Wert allenfalls für den begrenzten Anteil derer, die noch einen sicheren Job haben. Die Errungenschaften der Tarifverhandlungen sind meist keine: Will man wirklich aus der Perspektive der Arbeitnehmer über den Arbeitsmarkt reden, kommt es auf die Wettbewerbsfähigkeit des einzelnen Menschen an. Und da spielt die absolute Höhe der Lohnkosten sehr wohl eine Rolle.

Dabei stehen wir, was die Lohnstückkosten in Deutschland anbelangt, gar nicht so gut da: Zwar sind sie in den neunziger Jahren tatsächlich nur mäßig gestiegen, um genau 5,0 Prozent zwischen 1995 und 2002; in Großbritannien waren es 16,4 Prozent, in Italien 14,8 Prozent und in den Niederlanden 12,9 Prozent. Aber diese Zahlen können nicht wirklich beruhigen, tatsächlich haben auch Italien und die Niederlande derzeit massive Wirtschaftsprobleme und die niedrige Arbeitsproduktivität in der britischen Industrie ist, allen Reformen zum Trotz, notorisch. Außerdem gibt es viele Länder, deren Lohnstückkosten in der Zwischenzeit gefallen sind: in den Vereinigten Staaten um 2,1 Prozent, in Frankreich um 9,3 Prozent, in Schweden um 13,1 Prozent. Vor allem aber ist das *Niveau* der Lohnstückkosten in Deutschland immer noch das zweithöchste der Welt: Die Vereinigten Staaten liegen um 15 Prozent zurück, die Franzosen um 18 Prozent.

Unausgesprochen steckt hinter der Lohnpolitik in Deutschland die Annahme, dass wir immer besser und produktiver sind als die anderen. Dass das nicht so sein kann, sagt der gesunde Menschenverstand, es zeigt aber beispielsweise auch ein Blick in die Ausstellungsräume der Autohäuser. Ein Golf mit 75 PS kostet erheblich mehr als ein Octavia aus dem tschechischen Mladá Boleslav, der technisch weitgehend identisch ist. Und vieles, was die Verbraucher als urdeutsch wahrnehmen, ist es gar nicht mehr: Der größere Teil der Wertschöpfung am Porsche Cayenne, dem neuen Erfolgsmodell des profitabelsten deutschen

Autobauers, stammt aus Tschechien. Die Hochschulen in China produzieren jedes Jahr zu Tausenden hoch qualifizierte Ingenieure. Warum sollten die schlechter sein als ihre deutschen Kollegen? Warum sollten Software-Spezialisten aus dem indischen Bangalore weniger produktiv sein als Informatiker in Walldorf und München?

Manchmal verbirgt sich hinter den üblichen Mutmaßungen über den Arbeitsmarkt ein Stück unbewusster Rassismus, eine gefährliche Mischung aus Überlegenheitsdünkel und Verzagtheit vor den Problemen der realen Welt. Die deutschen Arbeitnehmer schaden sich auf jeden Fall selbst, wenn sie über den Preis ihrer Arbeit in den Kategorien von Klasse, Klassenkampf und nationalen Positionen denken. Letztlich geht es um den einzelnen Arbeitsplatz und dessen Wettbewerbsfähigkeit. Früher konnte man sich das Gefühl vielleicht noch leisten, auf einer Insel zu leben. Damals betrieben viele Länder eine inflationäre Politik, die Staaten Mittel- und Osteuropas lagen sowieso hinter dem Eisernen Vorhang und spielten als Konkurrenten keine Rolle. Heute muss man damit rechnen, dass sich die meisten Industrieländer wirtschaftlich einigermaßen rational verhalten. Deshalb wird heute nicht mehr nur einfache Fließbandarbeit nach Osteuropa und Asien verlagert, es sind zunehmend qualifizierte Tätigkeiten. Software kommt aus Indien, auch das Call-Center, das sich einschaltet, wenn wir zum Beispiel einen Flug buchen wollen, ist häufig in Indien. Und die Motoren für Hochleistungsautos »Made in Germany« kommen aus Ungarn.

Wie nah die Länder mit sehr niedrigen Lohnkosten gerückt sind, wurde den meisten anlässlich der Erweiterung der EU am 1. Mai 2004 bewusst. In Polen kostet eine Arbeitsstunde 3,76 Euro, in Ungarn 3,45 Euro, in Tschechien 3,30 Euro und in der Slowakei 3,03 Euro (Stand: 2002). In der ehemaligen DDR lag die Produktivität der Industrie im Jahr 1990 ungefähr auf dem Niveau der Tschechoslowakei. Heute kostet eine Arbeitsstunde in Ostdeutschland 16,43 Euro, also fast fünfmal so viel wie in Tschechien. Das allein zeigt die Dramatik der Entwicklung. Der

Beitritt der neuen Länder zur EU dürfte unmittelbar gar nicht so viel ändern. Die polnischen Arbeiter sind ja schon heute auf den deutschen Spargelfeldern, die tschechischen Motoren werden schon heute nach Baden-Württemberg geliefert. Aber der Trend ist eindeutig: Derartige Lohnunterschiede auf engstem Raum sind ohne heftige Strukturbrüche nicht vorstellbar.

Und diese Strukturbrüche haben eine konkrete Form: Produktionsverlagerungen. Das Tempo, mit dem deutsche Unternehmen Fertigung ins Ausland verlagern, hat sich in der zweiten Hälfte der neunziger Jahre atemberaubend erhöht. Für viele Deutsche hat die Entwicklung eine bedrohliche Dimension angenommen. In den Unternehmen der deutschen Metall- und Elektroindustrie stieg der Anteil der Mitarbeiter, die in Auslandstöchtern beschäftigt sind, allein in den sechs Jahren zwischen 1995 und 2001 von 21,4 Prozent auf 28,1 Prozent. Schaut man genauer hin, wird die Lage noch dramatischer: In der Autoindustrie, einer Schlüsselbranche für die deutsche Industrie, ist der Anteil von 30,9 Prozent auf 53,9 Prozent gestiegen. Mehr als die Hälfte der Arbeitnehmer, die deutsche Autos fertigen, sind also heute schon im Ausland beschäftigt, was den Begriff »deutsches Auto« problematisch macht.

Die Produktionsverlagerung relativiert auch die Aussagekraft der Statistik, die die Deutschen zum Export-Vizeweltmeister erklärt. Ein wachsender Anteil der Exporte Deutschlands beruht nicht auf deutscher Wertschöpfung, sondern auf importierten Vorprodukten. Der Wirtschaftsweise Wolfgang Franz (Mannheim) formulierte es so: »In den 1990er Jahren sank der Anteil der exportinduzierten hiesigen Wertschöpfung an den Exporten insgesamt um mehr als zehn Prozentpunkte, nämlich von 72 Prozent auf knapp 61 Prozent. Die Automobilindustrie, aber nicht allein sie, stellt dafür ein gutes Beispiel dar. Zahlreiche Einzelteile eines Autos werden im kostengünstigeren Ausland produziert, importiert und hier zusammengebaut. In der Exportstatistik erscheint indes der Gesamtwert des Autos.« Das allein ist noch nichts Bedrohliches, sondern einfach Ausdruck der vertieften internationalen Arbeitsteilung. Aber diese Arbeitsteilung relativiert den Begriff »deutsche Exporte«. Anders ausgedrückt: Die Produktionsverflechtung bläht die deutsche Export- und Importstatistik auf. Das zeigt eine Vergleichszahl: Im Jahr 2002 entsprachen die deutschen Exporte 111 Prozent der Wertschöpfung der deutschen Industrie, 1950 hatte dieser Anteil in der alten Bundesrepublik noch bei 14 Prozent gelegen.

Aufschlussreich sind die Antworten, wenn Unternehmer zu den Motiven und zu den Zielen ihrer Auslandsinvestitionen befragt werden. Die meisten investieren immer noch in den klassischen Industrieländern, der Anteil Mittel- und Osteuropas und Chinas steigt allerdings. Hauptsächlich gehen die Unternehmer ins Ausland, um sich dort neue, schnell wachsende Märkte zu erschließen, doch der Anteil jener, die aus Kostengründen die Produktion verlagern, wächst, besonders unter kleinen und mittleren Unternehmen. Zunehmend werden auch im Ausland produzierte Güter nach Deutschland zurückgebracht. Der Anteil der Unternehmen, die ihre Produkte reimportieren, lag in der Metall- und Elektroindustrie Mitte der neunziger Jahre bei 25 Prozent, heute ist es bereits die Hälfte. Knapp ein Drittel aller Unternehmen der Metall- und Elektroindustrie wollen in Zukunft Produktion ins Ausland verlagern, im Maschinen- und Anlagenbau sind es drei Viertel der Großunternehmen.

Dabei gerät der Standort Deutschland häufig ins Hintertreffen. Nach einer Untersuchung des Instituts der deutschen Wirtschaft summierte sich in der Datenverarbeitung und der Nachrichtentechnik der Export 2001 auf 580 Prozent bzw. 400 Prozent der jeweiligen Wertschöpfung. Die Vorleistungen machten 80 und 73 Prozent des Produktionswertes aus. Ähnlich sieht es in der Autoindustrie aus: »Während die mit der Herstellung von Kraftfahrzeugen und Fahrzeugteilen erbrachte Wertschöpfung von 1991 bis 2002 nur um 36 Prozent anstieg, kletterte der Import von Kfz-Teilen um satte 144 Prozent«, fand das Institut heraus.

Insgesamt habe sich der Anteil der Vorleistungen im Automobilsektor seit Anfang der neunziger Jahre um fast 10 Prozentpunkte auf mehr als 74 Prozent erhöht.

Auf diese Weise spüren immer mehr Deutsche die Lohnkostenkonkurrenz direkt am Arbeitsplatz; sie betrifft den Alltag in großen und kleinen Unternehmen. Dies erzeugt eine verständliche Angst. Manch einer versucht sich intellektuell dadurch aus dem Dilemma zu mogeln, dass er die schlechten Arbeitsbedingungen in den fraglichen Ländern beklagt oder dass er die Gewinnsucht der hiesigen Manager geißelt. Aber das hilft nicht viel weiter. Arbeitsbedingungen und Bezahlung sind in den Werken internationaler Konzerne meist besser als bei lokalen Produzenten; sonst würden sie auch keine qualifizierten Arbeitskräfte bekommen. Und ein Manager, der die Kostenvorteile von Tschechien und anderen Ländern ignoriert, der gefährdet unter Umständen das gesamte Unternehmen. Logitech, der schweizerische Hersteller von Computer-Mäusen, war Mitte der neunziger Jahre fast pleite, weil das Management zu lange am teuren heimischen Standort festhielt.

Für sich genommen ist die Verlagerung von Arbeitsplätzen gar nichts Schlechtes, sie nutzt auch der heimischen Wirtschaft. Unternehmen produzieren im Ausland und realisieren so Wachstum. Ein mittelständisches Unternehmen wie die Käserei Hochland aus dem bayerischen Allgäu produziert seit den frühen neunziger Jahren in Polen, in Rumänien und Russland. Auf diese Weise kann sie ihre Markenprodukte gegen den Wettbewerbsdruck multinationaler Hersteller positionieren. Hätte sich das Management nicht zu diesem Schritt entschlossen, gäbe es bei Hochland sicher weniger deutsche Arbeitsplätze.

Unternehmen, die aus Kostengründen ihre Produktion verlagern, machen unter Umständen gerade dadurch die verbliebenen Arbeitsplätze sicherer, weil sie so ihre preisliche Wettbewerbsfähigkeit halten oder wieder herstellen. Internationale Arbeitsteilung nützt letztlich allen – ein Zusammenhang, der für Ökonomen fast trivial ist, der aber für Wähler und Gewerkschaftsmitglieder brutal klingt. Sogar Gregory Mankiw, der Wirtschaftsberater des amerikanischen Präsidenten, löste im Februar 2004 einen Proteststurm in den Vereinigten Staaten aus, als er auf genau diese Tatsachen hinwies. Internationale Arbeitsteilung bedeutet Spezialisierung, höhere Produktivität und höhere Exporterlöse.

Das Fatale in Deutschland ist, dass die Deutschen sich passiv in diese Arbeitsteilung fügen, dass sie sie als Schicksal nehmen und den Verlust jedes Arbeitsplatzes hinnehmen, ohne sich zu überlegen, wo denn die neuen herkommen könnten. In der Rezession, die 2001 eingesetzt hat, haben die deutschen Unternehmen ihre Belegschaften teilweise dramatisch abgebaut. Jetzt sind viele von ihnen wieder profitabel. Aber was man jetzt aus diesen Unternehmen hört, klingt bedrohlich: Ja, wir rechnen mit steigenden Umsätzen und Gewinnen. Ja, wir werden neue Arbeitsplätze schaffen – aber nicht in Deutschland. Auch hier gibt der Blick auf einzelne Branchen ein genaueres Bild: Der Weltmarktanteil des Chemie-Standorts Deutschland, also der Chemieprodukte, die in Deutschland hergestellt wurden, ist von 1991 bis 2001 um mehr als drei Prozentpunkte auf 7,3 Prozent gesunken. Dabei spielte es keine Rolle, wem das jeweilige Unternehmen gehört. Die deutschen Unternehmen der Branche mussten weltweit dagegen nur 1,1 Anteilspunkte abgeben. Die ausländischen Standorte in deutschen Unternehmen haben also relativ gewonnen. Anders gewendet: Die deutschen Unternehmen haben noch Exporterfolge, aber Deutschland selbst lebt aus der Substanz.

Die Frage ist, wie lange Deutschland seine Ausfuhrerfolge noch aufrechterhalten kann. Die Zweifel nähren sich bezüglich der »Export-Performance«; der Maßstab gibt an, ob eine Industrie auf ihren konkreten Absatzmärkten an Boden gewonnen oder verloren hat. Erreicht eine Nation den Wert 100, dann ist ihr Marktanteil im Vergleich zu einem Basisjahr unverändert geblieben. Nimmt man 1992 als Basisjahr, dann hat Deutschland 2002 nur noch einen Wert von 85,9 erzielt. Vor allem Anfang der neunziger Jahre, als sie primär mit sich und der Wiedervereinigung beschäftigt waren, haben die Deutschen Marktanteile eingebüßt; sie konnten sie seither nur zum Teil wiedergewinnen. Auch der Anteil der Hightech-Exporte an den gesamten Ausfuhren liegt in Deutschland mit 13,7 Prozent (2002) relativ niedrig. Irland erzielte dagegen 40,6 Prozent, die Vereinigten Staaten 28,5, Großbritannien 26,1 und Finnland 21,8 Prozent. Dazu passt, dass Deutschland in der Patentstatistik mit 127 Weltmarktpatenten pro einer Million Beschäftigter nur noch einen Mittelplatz innehat. Die entsprechenden Vergleichszahlen liegen in Finnland bei 292, in Schweden bei 257 und in Japan bei 164 Patenten. Zwar sind die Vergleichszahlen in den USA, Großbritannien und Frankreich noch niedriger als in Deutschland. Doch das sollte niemanden beruhigen. Wenn man hohe Löhne hat und gleichzeitig in der Forschung zurückbleibt, bekommt man unweigerlich ein Problem.

Und mit Blick auf die Exporterfolge könnte man im Bild von der Weltmeisterschaft sagen: Die Deutschen sind wie eine Fußballmannschaft, die noch einmal die Vizeweltmeisterschaft geschafft hat, aber mit einem überalterten Team, das keine Jugendarbeit mehr betreibt, dessen Reservespieler frustriert und untrainiert auf der Bank sitzen und dessen Trainer keine Lust mehr hat.

Magersucht – ohne Wachstum leben

Unter dem Eindruck der zunehmend belasteten Umwelt, der Energiekrisen und vor allem des warnenden Berichts des Club of Rome 1970 sind die Deutschen zu einer wachstumskritischen Nation geworden. Sehr bewusste Menschen erproben aus Umweltgründen die Parole: ohne Wachstum leben. Oder sie fragen ganz naiv: Wozu Wachstum? Wir brauchen doch nicht noch mehr Fernseher, Autos und Kühlschränke. Und mehr essen als heute können wir sowieso nicht – im Gegenteil, wir sollten doch alle abnehmen. Ihr Umweltbewusstsein hat den Deutschen viel gebracht: Erstaunliche Erfolge im Umweltschutz, eine Spitzenposition in der Umwelttechnik und eine Volkswirtschaft, die im internationalen Vergleich relativ sparsam mit Energie umgeht. Im Jahr 2001 brauchten die Deutschen 182,6 Kilogramm Öleinheiten, um ein Bruttoinlandsprodukt von 1000 Dollar zu erzeugen. In den Vereinigten Staaten waren dafür 254,1 Kilogramm nötig, in der Slowakei 314,2 Kilogramm.

Das große Missverständnis vieler Umweltbewegter liegt darin, die Natur durch Wachstumsfeindlichkeit schützen zu wollen. Dass es ein Widerspruch ist, Wachstum abzulehnen und gleichzeitig jedes Jahr eine Lohnerhöhung zu erwarten, ist dabei nur ein Nebenaspekt. Der Zusammenhang zwischen Umweltbelastung und Wirtschaftswachstum ist längst nicht mehr so eng wie vor 34 Jahren, als der Club of Rome seinen Bericht schrieb. Allein während der neunziger Jahre hat sich in Deutschland die Energieproduktivität der Volkswirtschaft um 24 Prozent erhöht. Heute lassen sich, anders ausgedrückt, mit der gleichen Energiemenge 24 Prozent mehr Bruttoinlandsprodukt erzeugen als vor zehn Jahren.

Entscheidend aber ist: Deutschland braucht mehr Wachstum – nicht, damit seine Bürger mehr Kühlschränke, Autos oder Schweinebraten konsumieren können, sondern um seine Zukunft zu meistern, für Ostdeutschland, für die öffentlichen Haushalte, für die Infrastruktur, für die Gesundheits- und Altersversorgung. In früheren Jahren hatte Wachstum vor allem etwas mit steigendem Wohlstand zu tun, heute ist Wachstum der Schlüssel zur Lösung der Probleme, die durch das steigende Durchschnittsalter entstehen. Wer zahlt unsere Renten, wenn es einmal sehr viele Rentner und nur noch sehr wenige junge Menschen gibt?

Schon heute sind die Deutschen relativ alt. Das Medianalter (der Median teilt die Bevölkerung exakt in zwei Hälften, die eine ist älter, die andere jünger) liegt in der Bundesrepublik bei 41 Jahren, in Frankreich bei 38 und in den Vereinigten Staaten bei 36 Jahren. Bereits 2020 wird das Medianalter in Deutschland auf 46,7 Jahre steigen, in Frankreich auf 42,2 und in Amerika nur auf 37,0 Jahre. Der Prozess der Alterung ist allen Industrieländern gemein; er ist ein Zeichen wirtschaftlicher Reife (alle jungen Länder sind arme Länder): Die Familien sind kleiner, die Frauen können wirtschaftlich auf eigenen Beinen stehen, die Lebenserwartung erhöht sich. Es gibt aber nur wenige Staaten, in denen das Durchschnittsalter der Bevölkerung so schnell steigt wie in Deutschland. Nur die Schweizer, die Italiener und die Japaner werden 2020 im Durchschnitt noch älter sein als die Deutschen.

Wenn von der Alterung der Bevölkerung die Rede ist, denken die meisten Menschen zunächst nur an die staatliche Rentenversicherung. Doch das ist nur eine Seite des Problems. Die alten Menschen der Zukunft müssen auf jeden Fall von der dann aktiven Generation ernährt werden, egal, wie die Altersvorsorge dann finanziert wird. Und das schaffen die Jungen am leichtesten mit einem sehr produktiven Kapitalstock, und um den zu erreichen, muss die Wirtschaft bereits jetzt schnell wachsen. Später wird es eher schwieriger, hohe Wachstumsraten zu erzielen, denn – das ist das Dilemma – die Alterung der Bevölkerung wirkt tendenziell dämpfend auf das Wirtschaftswachstum: Deutsche Unternehmen fürchten schon in naher Zukunft Facharbeitermangel, ältere Menschen sind in der Regel weniger innovativ und risikobereit als junge. Außerdem fehlt ganz einfach die kaufkräftige Nachfrage, wenn die Bevölkerung schrumpft. Es ist also gut, vorzubauen. Wachstum ist auch der Schlüssel zur Gesundung der Staatsfinanzen. Schon allein die stillen Lasten der künftigen Beamtenpensionen können die Haushalte nur tragen, wenn hohes Wirtschaftswachstum steigende Einnahmen in die Staatskassen spült.

Und aus diesem Grund ist die anhaltende Wachstumsschwäche der Bundesrepublik ein zentrales Zukunftsproblem. In den 70er Jahren stieg das BIP in der Bundesrepublik im Durchschnitt um 2,8 Prozent, in den 80ern um 2,3 Prozent und in den 90ern nur noch um 1,6 Prozent.

Aber warum wächst die deutsche Volkswirtschaft überhaupt so langsam? Schwaches Wachstum bedeutet zunächst einmal, dass Menschen etwas *nicht* tun. Unternehmer investieren nicht genügend, Verbraucher konsumieren nicht, sondern legen ihr Geld auf die hohe Kante, um es für künftige Notzeiten zur Hand zu haben. Weil man schlecht alle Unternehmer, die nicht investieren, und alle Verbraucher, die nicht konsumieren, nach ihren Motiven fragen kann, müssen sich die Ökonomen mit makroökonomischen Simulationsrechnungen behelfen. Eine dieser Berechnungen durch die Europäische Kommission ergab, dass allein ein Drittel der Unterschiede zwischen den Wachstumsraten der Bundesrepublik und der anderer Länder in der EU auf die Lasten der deutschen Einheit zurückzuführen ist. 4,6 Prozent der Wirtschaftsleistung lassen sich eben nicht einfach abzweigen, ohne dass dies Folgen zeitigt. Wer immer heute über den Aufbau Ost redet, muss wissen, dass dies gleichzeitig auch ein Abbau West ist. Wenn eine Volkswirtschaft, in diesem Fall die westdeutsche, nur um rund ein Prozent wächst, gleichzeitig aber über vier Prozent an Transfers zu leisten hat, dann geht dies unweigerlich an die Substanz: Die Wirtschaftsleistung, die den Westdeutschen selbst zur Verfügung steht, schrumpft; sie investieren weniger und können weniger für die Zukunft tun.

Die Wachstumsschwäche Deutschlands hat aber noch auf andere Weise mit dem Prozess der deutschen Einheit zu tun. Der Versuch, »blühende Landschaften« im Osten aufzubauen, war in der Praxis zunächst ein gigantisches Steuersparprogramm für wohlhabende Westdeutsche und dann für die gesamte Bauindustrie. Neue Arbeitsplätze entstanden, Kapazitäten wurden aufgebaut und schöne Wachstumszahlen abgeliefert. Zwischen 1991 und 1995 nahmen die Bauinvestitionen in den neuen Bundesländern um jährlich 21,5 Prozent zu, also um mehr als ein Fünftel. Konnte ein vernünftiger Mensch denken, dass dies ewig so weitergehen würde? Natürlich nicht. Konnte man es andererseits den Bauunternehmern verdenken, dass sie sich über die schönen Aufträge freuten und fleißig neue Kapazitäten aufbauten? Natürlich auch nicht. So ist das eben, wenn der Staat die falschen Signale setzt. Außerdem hatte es ja etwas Berauschendes an sich, zu beobachten, wie das triste DDR-Grau Tag für Tag aus dem Stadtbild von Leipzig, Dresden und Quedlinburg verschwand und Ostdeutschland sukzessive das Aussehen eines westlichen Landes annahm.

Der Boom dauerte so lange, bis einige der staatlichen Förderprogramme ausliefen, bis die ersten westdeutschen Steuersparer merkten, dass es gar keine Menschen gab, die zu den erwarteten Mieten in ihre Wohnungen einziehen wollten, und dass die Baugesellschaften, die ihnen die hohen Mieten garantiert hatten, pleite waren. Andere erinnerten sich nun wieder, dass an einem Unternehmen die schöne Fabrikhalle eigentlich das am wenigsten Wichtige ist. Bald standen die schönen, neuen Gewerbegebiete reihenweise leer, weil die übrigen Rahmenbedingungen nicht stimmten. Jetzt war die ehemalige DDR schön ausstaffiert und die deutsche Bauindustrie geriet in die schwerste Krise ihrer Geschichte. Von 1995 bis 2001 sind die Bauinvestitionen in Ostdeutschland um 36,3 Prozent zurückgegangen, was einer jährlichen Schrumpfung um 7,2 Prozent entspricht. Und das hat gravierende gesamtwirtschaftliche Folgen: Ein weiteres Drittel der deutschen Wachstumsschwäche ist genau auf diesen Effekt zurückzuführen, hat die Europäische Kommission ausgerechnet.

Das Gute daran ist, dass Leipzig jetzt wirklich eine schöne Innenstadt hat, dass die Fahrradwege in Ostdeutschland vorbildlich sind und dass die Beamten, die seit 1999 in die neue Bundeshauptstadt Berlin ziehen, sich über die billigen Wohnungen freuen können. Der Preis für diese Freude ist aber sehr hoch – eine gigantische Fehlsteuerung knapper Ressourcen, und das in einem historisch äußerst kritischen Augenblick. Auch hier dasselbe Bild: Die Deutschen haben sich mit sich selbst beschäftigt und getan, als lebten sie auf einer Insel. Den Preis können sie an ihren Wachstumsstatistiken ablesen.

Es ist aber nicht nur Ostdeutschland, es ist auch der Arbeitsmarkt, der das Wachstum verhindert. All die strengen Regeln, die die Aufnahme von Arbeit und die Einstellung neuer Arbeitskräfte behindern, sorgen ja nicht nur für hohe Arbeitslosenzahlen, sie bremsen Unternehmer, die investieren wollen, und beschleunigen den Niedergang angeschlagener Betriebe. Eine besondere Wachstumsbremse ist dabei, wie gesagt, die Arbeitszeitverkürzung. Gewerkschaften und Politiker hatten einst die Arbeit rationiert, weil sie glaubten, man könne den Rohstoff Arbeit gerechter verteilen: Es ist doch besser, wenn alle Leute weniger arbeiten, als wenn wenige mehr arbeiten. Und es ist besser, wenn die Alten früher ihren Arbeitsplatz für die Jungen freimachen. Tatsächlich ist das Experiment kläglich gescheitert. Arbeit kann man nicht rationieren, jedenfalls nicht in einer ganzen Volkswirtschaft, weil Arbeit selbst eine Quelle des Wachstums ist. Das konnten die Bundesbürger fast nebenbei an einem kleinen Realexperiment erfahren: Im Jahr 2004 fallen ungewöhnlich viele Feiertage auf einen Sonntag, deshalb arbeiten die Menschen ein paar Tage länger. Allein diese Mehrarbeit dürfte der Volkswirtschaft in diesem Jahr ein Plus von 0,5 Prozent bescheren. Noch deutlicher wird es im internationalen Vergleich: In allen Industriestaaten verbringen die Arbeitnehmer mehr Zeit am Arbeitsplatz als dies in Deutschland der Fall ist, meist stehen dort zudem mehr ältere Menschen und Frauen in der Erwerbsarbeit – trotzdem ist die Arbeitslosigkeit niedriger und das Wachstum höher. In der Industrie der Schweiz wird 40,5 Stunden in der Woche gearbeitet, in den Vereinigten Staaten 40,0 Stunden und in Japan 39,2 Stunden. In Ostdeutschland sind es dagegen 38,3 Stunden, in Westdeutschland und Frankreich 35,7 Stunden. Dabei sagt die Gesamtstatistik noch nicht alles. In den meisten Industrien wird außerdem flexibler gearbeitet. Japanische Ingenieure arbeiten generell länger, sie können aber notfalls auch einmal im Drei-Schichten-Betrieb arbeiten. Dies alles zeigt: Wenn wir stärker wachsen wollen, müssen wir mehr arbeiten. Deutschland erzielt nur dann höhere Wachstumsraten, wenn der Irrweg der Arbeitszeitverkürzung verlassen wird.

Und schließlich hat die Wachstumsschwäche mit dem Euro zu tun. Die Deutschen haben die neue Gemeinschaftswährung nie gemocht; hätte es eine Volksabstimmung über den Verzicht auf die D-Mark gegeben, sie hätte mit einem überwältigenden »Nein« geendet und einer schmählichen Niederlage für alle etablierten Parteien. Nicht zuletzt, um den eigenen Bürgern die Angst vor dem neuen Geld zu nehmen, hat der damalige Bundesfinanzminister Theo Waigel über die strengen Beitrittskriterien zur Währungsunion (Maastricht-Kriterien) hinaus noch einen Stabilitätspakt durchgesetzt: Wenn das Staatsdefizit eines Landes die Marke von drei Prozent des Bruttoinlandsprodukts überschreitet, muss die Regierung mit einem Strafverfahren durch die Europäische Kommission rechnen.

Eigentlich war der Pakt gedacht zur Disziplinierung ehemaliger Weichwährungsländer wie Italien, Spanien oder Portugal, tatsächlich war Deutschland eines der ersten Länder, die mit dem Stabilitätspakt in Konflikt gerieten. Niemand hatte dies Ergebnis im Sinn gehabt, als der Pakt abgeschlossen wurde, obwohl man es sich hätte denken können: Schließlich ging die Bundesrepublik mit einem gewaltigen Schuldenberg aus dem missratenen Aufbau Ost in die europäische Währungsunion. Und eigentlich wussten alle Eingeweihten, wie schwierig Haushaltskonsolidierung im deutschen Föderalismus ist, mit Bundesrat, Vermittlungsausschuss und all dem anderen. Andererseits ist die Fehleinschätzung der eigenen Möglichkeiten auch wieder zu verzeihen, denn den Spezialisten an den internationalen Finanzmärkten erging es nicht anders, weshalb sie die D-Mark während der neunziger Jahre notorisch zu hoch bewerteten und Deutschland mit einem zu hohen Wechselkurs in den Euro einstieg.

In diesem Punkt sind sich die Experten zwar uneins – was ist schon der »richtige« Wechselkurs? An dem Ergebnis aber lässt sich nicht herumdeuteln: Deutschlands Wirtschaft wächst am langsamsten und die Regierung hat kaum lösbare Haushaltsprobleme. Außerdem weist Deutschland die niedrigste Inflationsrate in der Euro-Zone auf. Konkret liegt die Teuerung seit vielen Monaten bei ungefähr einem Prozent (der Anstieg der Ölpreise 2004 ist eine Sonderentwicklung); im Durchschnitt der Mitglieder der Währungsunion sind es dagegen rund zwei Prozent. Da innerhalb der Währungsunion die Zinsen weitgehend einheitlich sind, bedeutet dies automatisch, dass Deutschland die höchsten Realzinsen (Zins minus Inflation) hat. Geld ist also nirgendwo in Europa so teuer wie in Deutschland – auch das schlägt aufs Wachstum.

Und man soll sich dabei keine Illusionen machen: Rettung von der Europäischen Zentralbank ist nicht in Sicht, denn im langjährigen Vergleich liegen die Zinssätze weltweit immer noch sehr niedrig; eher ist damit zu rechnen, dass der Preis des Geldes, ausgehend von den Vereinigten Staaten, bei anhaltend guter Weltkonjunktur wieder steigen wird.

Mitbestimmung als Klassenkampf

So oder so, es lässt sich nicht bestreiten, dass die Zeiten für die Arbeitnehmer härter geworden sind und dass auch der zuversichtlichste Reformer keine schnelle Besserung versprechen kann. Wenn dann an anderer Stelle kräftig abkassiert wird, empört dies die Menschen, was Wunder. Wenn der Chef in einem Krisenunternehmen den Abbau übertariflicher Leistungen, einen Einstellungsstopp und schließlich betriebsbedingte Kündigungen anordnen muss, ist das schwer genug für die Betroffenen. Wenn er sich aber gleichzeitig sein Arbeitszimmer für 200.000 Euro ausbauen lässt, einen neuen, teureren Dienstwagen genehmigt und seinen persönlichen Stab vergrößert, dann darf er sich nicht wundern, wenn die Stimmung in der Belegschaft zusammenbricht. So ein Chef wird leicht zum Opfer seines eigenen Egos – wie es Florian Gerster ging, der die Riesenbehörde Bundesanstalt für Arbeit mit viel Schwung reformieren wollte und dabei vergaß, dass es gerade in einer kritischen Situation auch auf den persönlichen Stil ankommt.

Ökonomie ist zur Hälfte Psychologie und deshalb ist es zu Recht ein öffentliches Thema, was die Bosse in der Wirtschaft und anderswo verdienen. Der frühere Bundesbankpräsident Ernst Welteke ist über eine vergleichsweise lächerliche Hotelrechnung von ein paar tausend Euro gestürzt, die ihm einst die Dresdner Bank bezahlt hat. Wirklich unhaltbar wurde seine Position aber, als er öffentlich und mit ungespielter Entrüstung fragte: »Ja, soll ich das denn selber zahlen?« Was ist meins, was ist deins, was gehört sich – das sind entscheidende Kriterien für einen ehrbaren Kaufmann, besonders in schlechten Zeiten.

Im Jahr 2003 ging es den deutschen Unternehmen wirklich

nicht gut, den Belegschaften wurden Opfer zugemutet, Arbeitsplätze fielen zu Tausenden, die Aktienkurse waren schon im Jahr davor zusammengebrochen. Die Nettolöhne und -gehälter gingen um 0,9 Prozent zurück, das Einkommen aus Unternehmertätigkeit und Vermögen sank um 0,3 Prozent. Aber die Einkommen der Vorstände der im Deutschen Aktienindex (Dax 30) vertretenen Aktiengesellschaften stiegen in genau diesem Jahr um durchschnittlich 11,6 Prozent; das hat jedenfalls das Magazin *Börse Online* ausgerechnet, offizielle Statistiken darüber gibt es nicht. Allein der zwölfköpfige Vorstand von DaimlerChrysler steckte im Geschäftsjahr 2003 zum normalen Gehalt noch Optionen im Wert von knapp 19 Millionen Euro ein. Kein Wunder, dass der Vorstandsvorsitzende des Unternehmens, Jürgen Schrempp, bei der Hauptversammlung im Mai 2004 von den Aktionären den Kopf gewaschen bekam. Es genügt ein Blick auf den Aktienkurs: Während die Aktie von BMW in den vergangenen fünf Jahren um 49 Prozent gestiegen ist, hat das Papier von DaimlerChrysler 47 Prozent verloren. Schrempps Konzept einer Welt-AG ist offenkundig gescheitert. Seine Erwerbung Chrysler belastet Daimler, die Probleme bei Mitsubishi hat das Management nicht in den Griff bekommen und hat nun den Ausstieg eingeleitet. Dort wurden inzwischen 5,3 Milliarden Euro Schulden angehäuft. Manche sagen, Chrysler und Mitsubishi gefährdeten den Konzern insgesamt, es drohe die »Chryslerisierung« der bislang noch starken Marke Mercedes.

Schrempp stehe für eine »extrem effektive Machtpolitik«, darauf ausgerichtet, die eigene Position zu sichern, sagte ein Vertreter der Schutzgemeinschaft der Kleinaktionäre auf der Hauptversammlung. Aber Schrempp verdient nicht nur blendend, er hat zudem seinen Arbeitsvertrag vorzeitig bis zum Jahr 2008 verlängern lassen; so ist er gut abgesichert für den Fall, dass die Aktionäre doch einmal die Geduld mit ihm verlieren sollten. Der Sprecher einer großen Fondsgesellschaft begründete, warum er Vorstand und Aufsichtsrat nicht entlastete: Schrempp habe den Konzern in eine »sehr schwierige Lage« gebracht. Der Vorstand habe 2003 für seine Kapitalvernichtung 40 Millionen Euro kassiert. Bei BMW, das weit besser dastehe, seien es nur 11 Millionen Euro gewesen. Und man sollte bei allem auch das Krisenjahr 2002 nicht vergessen: Damals bezog der Vorstand eine Gehaltserhöhung um 131 Prozent auf durchschnittlich 3,7 Millionen Euro – der Spitzenwert unter den 30 Dax-Unternehmen, wie die Deutsche Schutzvereinigung für Wertpapierbesitz (DSW) vorrechnete.

Dass es auch anders geht, zeigt die Deutsche Lufthansa: Deren Vorstandsmitglieder verdienten 2003 durchschnittlich eine halbe Million Euro und nahmen damit den letzten Rang ein unter ihren Kollegen aus den Dax-Vorständen. Lufthansa-Chef Wolfgang Mayrhuber und seine Kollegen bekommen ein relativ bescheidenes Fixgehalt, dazu einen Zuschlag, der vom Gewinn abhängig ist. Nun lag das operative Ergebnis der Fluggesellschaft in dem Jahr nur bei 36 Millionen Euro und damit deutlich niedriger als die 100 Millionen Euro, die der Vorstand den Aktionären zu Beginn des Jahres versprochen hatte – also entfiel der Gehaltszuschlag. Das Gehalt des Vorstands hängt direkt vom Erfolg des Unternehmens ab – so sollte es sein, so ist es aber in der Praxis nicht oft. Von daher ist es nicht nur Sozialneid, wenn die Leute sich darüber aufregen. Selbstbedienung an der Spitze macht eben wütend.

Die Explosion der Managergehälter ist keine deutsche Besonderheit, sondern ein weltweites Phänomen. Beginnend mit den Vereinigten Staaten hat paradoxerweise die Ideologie des *shareholder-value*, also der Orientierung an dem Wert, den der Aktionär bekommt, zu einem beispiellosen Kult um die bezahlten Chefs der Unternehmen, die *chief executive officers* (CEO), geführt. Ein amerikanischer Kritiker sagte deshalb einmal, man solle besser nicht von *shareholder-*, sondern von CEO-*value* sprechen. Michael Eisner, der Chef des Disney-Konzerns, verdiente 7,3 Millionen Dollar im Jahr, ehe er sich mit den Aktionären überwarf, weil die Erträge nicht mehr stimmten. In den zwanzig Jahren seines Engagements bei Disney, so rechneten

Analysten aus, könnte Eisner 900 Millionen Dollar verdient haben. Aber auch in Europa langten die CEOs zu. Der Chef des Schweizer Pharmakonzerns Novartis, Daniel Vasella, verdiente 2003 nach Angaben des Magazins *Fortune* 12,4 Millionen Dollar, etwas mehr als Kollege Chris Gent von Vodafone. Der Chef der Deutschen Bank, Josef Ackermann, kam auf 9,6 Millionen Dollar. Mit 900.000 Euro sehr bescheiden macht sich dagegen das Gehalt von Rolf Eriksen aus, der die sehr erfolgreiche schwedische Modekette H&M leitet.

Bei allen diesen Fällen ist nicht so sehr die absolute Höhe des Gehaltes das Problem; entscheidend ist die Frage: Steht das Gehalt in einem Verhältnis zur Leistung des Managers und wer entscheidet dies? Genau darum ging es beim Mannesmann-Prozess vor dem Landgericht Düsseldorf, der die deutsche Öffentlichkeit bewegt hat wie selten ein Wirtschaftsverfahren zuvor. Die Vorgeschichte: Als das britische Mobilfunkunternehmen Vodafone im Frühjahr 2000 den deutschen Traditionskonzern Mannesmann übernahm, genehmigte der Aufsichtsrat dem bisherigen Chef Klaus Esser, der bei einer spektakulären Übernahmeschlacht unterlegen war, eine Abfindung – oder sollte man es ein Schmerzensgeld nennen? – von 30 Millionen Mark. Der damalige Vorsitzende des Aufsichtsrats, Joachim Funk, erhielt sechs Millionen Mark, und ein paar weitere verdiente Mannesmänner wurden ebenfalls bedacht, so dass die stolze Summe von insgesamt 111,5 Millionen Mark zusammenkam. Die Staatsanwälte fanden, dass hier der Tatbestand der Untreue vorlag, und so kam es 2004 zu einem der spektakulärsten Wirtschaftsprozesse der Nachkriegsgeschichte. Neben Funk und Esser wurden auch der Chef der Deutschen Bank, Josef Ackermann, der frühere Vorsitzende des Betriebsrats von Mannesmann, Jürgen Ladberg, und der seinerzeitige Vorsitzende der IG Metall, Klaus Zwickel, angeklagt. Alle drei saßen gemeinsam mit Funk im Präsidium des Aufsichtsrats, das die hohen Prämien genehmigt hat.

Tatsächlich gab es einen Freispruch, wenn auch der zweiten Klasse: Die Angeklagten haben sich nicht der Untreue schuldig gemacht, sondern lediglich gegen das Aktiengesetz verstoßen, befand das Gericht. Bei Drucklegung dieses Buches war das Urteil noch nicht rechtskräftig. Theoretisch könnte es auch noch einen Zivilprozess geben, aber dazu müssten sich Geschädigte finden, die sich durch Esser & Co. übervorteilt fühlen. Und die wird es vermutlich nicht geben, schließlich hat der Übernahmekampf zu einer gewaltigen Spekulationsblase um die Mannesmann-Aktie geführt. Die Aktionäre wurden dank Esser sehr reich – wenn auch nur für kurze Zeit. Es sei denn, sie haben sich rechtzeitig von ihren Papieren getrennt.

Wichtig war der Düsseldorfer Prozess aus einem anderen Grund: Er reflektierte den Zorn der tatsächlich oder vermeintlich Benachteiligten in der deutschen Gesellschaft auf »die da oben«. Die Rentnerin muss zehn Euro Praxisgebühr von ihrem bescheidenen Einkommen abzwacken, die Bosse kassieren ab – für nichts. Und dass Josef Ackermann auch noch die Torheit beging, sich vor Prozessbeginn mit einem Victory-Zeichen fotografieren zu lassen, bestätigte schlimmste Vermutungen. Wer im Laufe des Jahres für maßvolle Lohnabschlüsse und für unbequeme Reformen eintrat, der bekam von Sozialverbänden, Betriebsräten und Gewerkschaftsfunktionären zu hören: Und was ist mit Mannesmann?

Oft werden in der Öffentlichkeit die Abfindungen für Esser & Co. und die exorbitanten Managergehälter dabei im Sinne des Klassenkampfes gedeutet: Die Kapitalisten, »die da oben«, bereichern sich auf Kosten der abhängig Beschäftigten. Tatsächlich bezahlen aber die Aktionäre; und wenn es tatsächlich zu viel ist, fragt man sich, warum sie es tun und/oder keinen Weg finden, die von ihnen Bezahlten besser zu kontrollieren. Es führt also exakt in die falsche Richtung, die Frage der Managerbezahlung in den Kategorien von Kapital und Arbeit zu bemessen. An dieser Stelle wäre daran zu erinnern, dass all die Exzesse im Management, wenn man denn glaubt, dass es welche sind, von Gewerkschaften mitbeschlossen wurden. In Deutschland gilt die Mitbestimmung in Aufsichtsräten, natürlich auch in dem von

Mannesmann: Die Hälfte des Kontrollgremiums wird von der Kapital-, die andere von der Arbeitnehmerseite bestimmt. Der Vorsitzende, der von den Kapitaleignern benannt wird, hat die Macht, mit seiner Stimme ein mögliches Patt aufzuheben. Das Schöne am Mannesmann-Prozess war, dass dabei deutlich wurde, wie nett die Umgangsformen in Aufsichtsräten normalerweise sind. Bei Fragen der Vorstandsvergütung nicken die Arbeitnehmer in der Regel, so wie es auch Klaus Zwickel von der IG Metall im Falle Esser tat. Bedenken an den 111 Millionen Mark kamen ihm erst, als der Betrag bekannt wurde und ein Proteststurm in der Öffentlichkeit losbrach.

Auch bei dem Gehalt von Schrempp haben sich die Arbeitnehmer im Aufsichtsrat von DaimlerChrysler nicht quer gestellt, jedenfalls ist davon nichts bekannt geworden. Der schwache Aufsichtsratsvorsitzende Hilmar Kopper (ehemals Deutsche Bank) setzte das Schrempp-Unterstützungsprogramm durch – ohne Widerstand. Wenn aber die Arbeitnehmervertreter nicht etwas verhindern können, was so eklatant dem Gerechtigkeitsempfinden ihrer Klientel widerspricht, wenn sie nicht einmal intern laut und deutlich Nein sagen, wozu sitzen sie dann eigentlich im Aufsichtsrat?

Zugegebenermaßen haben Aufsichtsräte und Board-Mitglieder auch in anderen Ländern Schwierigkeiten, die Chefs unter Kontrolle zu halten und Selbstbedienung zu verhindern, auch und gerade in den Vereinigten Staaten, wo der Shareholder-Value erfunden wurde, aber die deutsche Mitbestimmung fügt dem Problem noch eine besondere Note hinzu: den Klassenkampf.

In den Aufsichtsräten wird der Klassengegensatz inszeniert wie in einem Parlament: Die Kapitalseite ist die Regierung, die Arbeitnehmerbank die Opposition; und weil das alles hinten und vorne nicht stimmt, leidet die effiziente Kontrolle des Managements. Kontroverse Themen werden aus dem Aufsichtsrat ausgelagert und in diverse Ausschüsse oder Vorbesprechungsgruppen verlegt, die Redebeiträge sind oft vorgestanzt. Und die Arbeitnehmer, die selbst wissen, dass sie nicht Opposition spielen können im Unternehmen, nicken auch in den Fällen, in denen sie eigentlich von den Interessen ihrer Kollegen her Nein sagen müssten.

Die überbetriebliche Mitbestimmung in Deutschland lässt sich nur vor dem Hintergrund der jüngeren Geschichte verstehen. Es ist eine sehr eigentümliche Mischung aus Klassendenken und Korporatismus, die in den siebziger Jahren sogar einmal als vorbildlich galt, heute jedoch mehr und mehr zu einem Standorthindernis geworden ist. Einem Kapitalanleger aus den Vereinigten Staaten, Hongkong oder irgendeinem anderen Land ist das System schlechterdings nicht zu erklären. Und wenn ein deutsches mit einem französischen Unternehmen fusioniert, wird es den Firmensitz vermutlich dezidiert nicht in Deutschland wählen – wegen der Mitbestimmung.

Im Grunde ist die Mitbestimmung ein Erbe des Zweiten Weltkrieges, genauer: Sie war ursprünglich ein Versuch zu verhindern, dass es jemals wieder zu solch einer Katastrophe kommt. Dabei dachten die Siegermächte sehr konkret an die Zerschlagung des deutschen militärisch-industriellen Komplexes und kaum an die Rechte der Arbeiter. Bis zur Zündung der ersten Atombombe hing die Fähigkeit eines Landes, ein anderes militärisch anzugreifen, von seiner Fähigkeit ab, Panzer, Geschütze und Bomben zu bauen, also von seiner Eisen- und Stahlindustrie, dazu dem Kohlebergbau, der den Koks für die Stahlproduktion lieferte. Das Deutsche Reich hatte nach dem preußisch-französischen Krieg von 1870/71 die Hälfte der lothringischen Erzvorkommen annektiert, um die eigene industrielle Basis zu stärken und den gedemütigten Kriegsgegner Frankreich dauerhaft zu schwächen. Zu den Kriegszielen des Reiches im Ersten Weltkrieg gehörte die Annexion des Restes von Lothringen. Die Aggression scheiterte, daher brachte Frankreich nach 1918 konsequenterweise die saarländische Kohle- und Stahlindustrie unter seine Kontrolle und drohte ständig damit, das Ruhrgebiet zu besetzen, was der Nation letztlich aber auch nichts nützte.

Nach dem Zweiten Weltkrieg glaubte die Mehrheit der politischen Klasse in Frankreich, man könne den deutschen Militarismus nur dadurch bezwingen, dass man das Ruhrgebiet von Deutschland trennt. Ohne die sowjetische Bedrohung nach 1948 und den Einfluss der Amerikaner in Europa wäre es vielleicht tatsächlich so gekommen. Die neuen Verhältnisse wiederum ließen in Frankreich die Idee wachsen, das Problem auf europäische Ebene zu heben. Der französische Außenminister Robert Schuman schlug vor, eine gemeinsame Institution zu schaffen, die die Produktion von Eisen und Stahl in Mitteleuropa kontrollieren sollte. Der Schuman-Plan führte 1950 zur Gründung der Europäischen Gemeinschaft für Kohle und Stahl (Montanunion), der neben der Bundesrepublik und Frankreich Italien, Belgien, die Niederlande und Luxemburg angehörten. Sie sah eine »Hohe Behörde« vor, die die Investitionen der Industrie überwachte und die Grundlagen für einen gemeinsamen Markt schuf. Die Montanunion wurde so zur Wegbereiterin der Europäischen Wirtschaftsgemeinschaft und der Europäischen Union.

In engem Zusammenhang damit stand die Mitbestimmung. Die Alliierten erließen ein Entflechtungsgesetz für die deutsche Wirtschaft; darin wurden einzelne Kohle- und Stahlunternehmen namentlich aufgeführt, in denen die paritätische Mitbestimmung gelten sollte: Kapital und Arbeit mussten im Aufsichtsrat gleich stark vertreten sein, beide Seiten bestimmten den Vorsitzenden als neutrales Mitglied, dem Vorstand musste ein Arbeitsdirektor angehören. Unter dem massiven Druck des Deutschen Gewerkschaftsbundes setzte Bundeskanzler Konrad Adenauer die Montanmitbestimmung schließlich durch; das entsprechende Gesetz wurde am 21. Mai 1951 vom Bundestag verabschiedet.

Während der fünfziger und sechziger Jahre gehörte die Ausdehnung der paritätischen Mitbestimmung auf die gesamte Wirtschaft zu den zentralen Themen der deutschen Gewerkschaften; damit setzten sie sich auch gegen radikale, kommunistische Organisationen in Frankreich und Italien ab. Das Ziel der vollen Parität haben sie nie ganz erreicht. Immerhin aber beschloss die

Koalition von SPD und FDP, gegen den erbitterten Widerstand des Bundesverbandes der Deutschen Industrie, das Mitbestimmungsgesetz von 1976, das in größeren Betrieben eine Fast-Parität einführte. Das Gesetz hat vielen Gewerkschaftern Einblick in die praktische Aufsichtsratsarbeit gewährt; es entpuppte sich zudem als willkommene Geldquelle: Die gewerkschaftlichen Aufsichtsratsmitglieder führen ihre Tantiemen an die Stiftung Mitbestimmung ab, die sozialwissenschaftliche Forschungen fördert und Stipendien an begabte Studenten vergibt.

Doch welche Konsequenzen hat die Mitbestimmung? Der frühere Chefredakteur des Hamburger *Manager-Magazins*, Wolfgang Kaden, sagte anlässlich der Verleihung des Ludwig-Erhard-Preises 2002, es habe ihn immer wieder verblüfft, bei Gesprächen mit den Chefs großer Unternehmen so gut wie nie Kritik an der Mitbestimmung zu hören, »selbst in vertraulichen Gesprächen nicht«. Die meisten hätten die Mitbestimmung sogar ausdrücklich gelobt. Kaden fügte hinzu: »Allmählich dämmerte mir, warum das so ist: Die Mitbestimmung schwächt die Position des Kontrollorgans und stärkt somit die Position des Vorstands; sie erfreut sich vor allem deswegen so hoher Wertschätzung bei den Topmanagern, weil sie deren Macht ausweitet.«

Die Sitzungen der Aufsichtsräte sind seit 1976 zu einer extrem ritualisierten Veranstaltung degeneriert, auf der es kaum noch offene Kritik am Vorstand gibt. Die Kapitalseite zögert mit Kritik, weil die Aufsichtsräte den Vorstand, dem sie sich gesellschaftlich nahe fühlen, nicht vor externen Gewerkschaftsfunktionären und internen Belegschaftsmitgliedern in Verlegenheit bringen wollen. Die Arbeitnehmer wiederum fühlen sich, jedenfalls soweit sie aus dem betreffenden Unternehmen kommen, im Zweifelsfall solidarisch mit »ihrem« Vorstand und wollen diesen nicht vor Aufsichtsräten, von denen nicht wenige in anderen Unternehmen in führender Position sitzen, der Kritik aussetzen. »So sind AR-Sitzungen, nach allem was wir wissen, für die Vorstände meist höchst angenehme Termine. Das Topmanagement trägt vor, einzelne AR-Mitglieder stellen höflich Wissensfragen, und dann begibt man sich zum gemeinsamen Essen«, sagte Kaden.

Die Mischung aus Korporatismus und gebändigtem Klassenkampf, die hinter dem Mitbestimmungsmodell steckt, führt nebenbei auch zu inhärenten Widersprüchen. Der Vorsitzende der Gewerkschaft Verdi, Frank Bsirske, sitzt als Arbeitnehmervertreter im Aufsichtsrat der Deutschen Lufthansa. Im Jahre 2003 aber hat Verdi gegen die Lufthansa gestreikt. Wie sieht es da mit der Loyalität des Aufsichtsrats Bsirske aus? Wird er im Konfliktfall für das Unternehmen entscheiden, dem er laut Aktiengesetz verpflichtet ist, oder für die Gewerkschaft, die ihn gewählt hat? Die Situation ist genau so, als säße der Chef der Lufthansa in der Großen Tarifkommission von Verdi.

Manche Apologeten des »Modells Deutschland« sprechen von der Mitbestimmung als einem deutschen Exportschlager. Es gibt wenige Äußerungen, die so leicht zu widerlegen sind: Kein Land der Erde hat den vermeintlichen Exportschlager bisher importiert. Im Gegenteil: Je internationaler die Kapitalströme, desto deutlicher zeigt sich, dass die Mitbestimmung als eindeutiges Investitionshindernis wahrgenommen wird. Vermutlich mindert die Institution auch den Marktwert deutscher Aktiengesellschaften, wenngleich diese Vermutung schwer zu überprüfen sein dürfte; jedenfalls solange, wie die Mitbestimmung besteht.

Der Management-Professor Joachim Schwalbach von der Berliner Humboldt-Universität behauptete in der *Welt* kategorisch: »Das Ende der Mitbestimmung ist gekommen.« Sie sei gescheitert, »weil im paritätisch besetzten Aufsichtsrat keine Diskussion geführt werden kann, ohne dass am nächsten Tag alles in der Zeitung steht«. Der Aufsichtsrat müsse wieder zu einem Gremium werden, »in dem sich alle Mitglieder in vertraulicher Atmosphäre und in aller Ruhe über die Geschicke des Unternehmens absprechen«. Ein gutes Beispiel sei der finnische Mobilfunkkonzern Nokia mit nur neun unabhängigen Aufsichtsräten, deren Qualifikation einschließlich Vergütung für alle im Internet nachzulesen ist. Gut möglich, dass in einem derart unabhängig besetzten Aufsichtsrat, dem durchaus Gewerkschafter angehören könnten, auch über die Bezahlung von Schrempp & Co. kritischer diskutiert werden könnte.

Die Mitbestimmung hat die deutschen Arbeitnehmer im Übrigen einen Preis gekostet, über den heute kaum noch geredet wird. In den sechziger und siebziger Jahren legten die Gewerkschaften ihre ganze Kraft in die Durchsetzung der paritätischen Mitbestimmung und in die expansive Lohnpolitik. Allen Versuchen, die Vermögensbildung der Arbeitnehmer zu verbessern und so deren Anteil am Produktivvermögen zu erhöhen, widersetzten sie sich oder leisteten zumindest hinhaltenden Widerstand. Dabei wären die Wiederaufbaujahre mit ihren hohen Wachstumsraten ideal gewesen, um den Anteil der Arbeitnehmer am Produktivvermögen zu steigern.

Der erste Staatssekretär im Bundeswirtschaftsministerium nach dem Amtsantritt der Regierung Willy Brandt, der unkonventionelle fränkische Unternehmer Philipp Rosenthal, trat wegen des Scheiterns seiner Vermögensbildungspläne zurück. Auch hier haben die Gewerkschaften zur Desillusionierung und zum Abschied von fortschrittlichen Träumen beigetragen.

Es bleibt nur eines: die (fast) paritätische Mitbestimmung so schnell wie möglich abzuschaffen. Sie hat den Arbeitnehmern nichts genutzt und der deutschen Wirtschaft geschadet.

Damit kein Missverständnis auftritt: Natürlich soll das Betriebsverfassungsgesetz *nicht* abgeschafft werden. Aber hier geht es um etwas völlig anderes. Das Betriebsverfassungsgesetz von 1952 regelt die Beziehungen zwischen den Arbeitnehmern und der Geschäftsleitung in den Betrieben. Diese Beziehungen werden in den meisten Ländern irgendwie geregelt. In britischen und irischen Unternehmen gibt es zum Beispiel Betriebsgewerkschaften, anderswo vertraut man auf informelle Beziehungen. Ein von der gesamten Belegschaft gewähltes Gremium hat demgegenüber den Vorteil der Transparenz und der Akzeptanz.

Die Aufgaben einer gewählten Vertretung in einem Betrieb können ganz klein sein: Die Sekretärin in der Vertriebsabteilung wird von ihren Kolleginnen gemobbt, zu ihrem Vorgesetzten hat sie kein Vertrauen und braucht eine Instanz, an die sie sich wenden kann. Die Aufgaben sind aber oft auch groß: Der Absatz der Firma ist eingebrochen, die Geschäftsleitung muss betriebsbedingte Kündigungen beantragen. Der Betriebsrat achtet darauf, dass die Kündigungen nach nachvollziehbaren Kriterien ausgesprochen werden.

Die Aufgaben der Betriebsräte sollten in Zukunft sogar noch wachsen. Wenn die Tarifverträge flexibler werden, wenn Unternehmen je nach Geschäftslage mit ihrer Belegschaft Abweichungen von den branchenüblichen Löhnen verabreden dürfen, dann brauchen sie autorisierte Gesprächs- und Verhandlungspartner im Betrieb – eben starke und kompetente Betriebsräte. Das Problem ist, dass über das Betriebsverfassungsgesetz immer wieder verqueres Klassenkampfdenken in die Betriebe kommt. Es liegt nahe, dass die Einrichtung einer gewählten Körperschaft Geld kostet, besonders dann, wenn Mitarbeiter für die Aufgaben im Betriebsrat von ihren eigentlichen Arbeiten freigestellt werden, für die sie ursprünglich einmal eingestellt wurden. Die rot-grüne Bundesregierung hat in der letzten Legislaturperiode auf Druck der Gewerkschaften das Betriebsverfassungsgesetz novelliert, und zwar so, dass sehr viel kleinere Betriebe verpflichtet sind, einen Betriebsrat zu wählen, und dass die Zahl der freigestellten Betriebsräte erheblich steigt. Das Ergebnis waren steigende Kosten für die Betriebe und ein massiver Umschwung der Stimmung in der Wirtschaft, die bis dahin ganz freundlich gewesen war, zu Lasten der Bundesregierung. Der Grund ist klar: So, wie das Gesetz durchgesetzt wurde, zeigte sich darin ein massives Misstrauensvotum von Gewerkschaften und Regierung gegen die Unternehmer. Es war inszeniert als ein Stück Kampf gegen die Wirtschaft.

Die Rolle der Betriebsräte in den Unternehmen sollte gestärkt werden. Gleichzeitig aber sollte man die wertvolle Institution der Betriebsräte nicht dadurch belasten, dass man sie unnötig teuer und bürokratisch gestaltet.

Die Angst vor dem Wettbewerb

Deutschland gilt vielen im In- und Ausland als »Neidgesellschaft«: Wer Erfolg hat, der muss mit Argwohn rechnen, wer Werte schafft, wird bestraft, wer den Kopf aus der Masse herausstreckt, dem wird er abgeschlagen. Aber das gängige Vorurteil stimmt nicht ganz. Niemand hat etwas gegen hohe und sehr hohe Einkommen, es kommt nur darauf an, wer sie erzielt. Michael Schumacher, der talentierte Rennfahrer, zum Beispiel ist Mitte zwanzig und bereits mehrfacher Millionär. Wer würde ihm sein Geld neiden? Selbst dann, wenn er es irgendwo steueroptimierend anlegt. Ähnlich ist es mit Boris Becker, mit Dieter Bohlen und all den anderen Stars des Sport- und Showgeschäfts: Sie haben im Wettbewerb Erfolg gehabt, sie haben etwas geleistet, und wenn es auch nur eine besonders gute Form der Selbstvermarktung ist. Manche unter diesen Stars sind sogar Gegenstand von nationalem Stolz.

Bei Männern und Frauen der Wirtschaft gibt es diesen Stolz und diesen Respekt vor der Leistung nicht. Wenn die Rede davon ist, was ein Unternehmer verdient, dann gilt dies als ein Beispiel dafür, wie ungerecht Einkommen und Vermögen in Deutschland verteilt sind: Ein Hilfsarbeiter verdient 1000 Euro im Monat, der Unternehmer das 50fache – ist das gerecht? Fragen dieser Art sind gewissermaßen der Reflex auf die Debatte um Managergehälter: Man stellt die Spitzeneinkommen nicht in Relation zur Leistung des Betreffenden und fragt dann, ob die Bezüge angemessen sind. Man stellt sie in Bezug zu anderen Einkommen. Hier geht es weniger um »Sozialneid«, denn dann müsste dieser Neid ja auch Sportler, Show- und Schlagerstars treffen. In Wirklichkeit zeigt sich hier eine mangelnde Akzeptanz von Wettbewerb in der Wirtschaft, der typisch ist für die bundesrepublikanische Gesellschaft.

Wettbewerb im Sport leuchtet jedem ein: Die Fußballmannschaft strengt sich an, sie siegt und darf in der Champions League mitspielen. Und natürlich bekommt jeder Spieler dann ein paar Tausender, warum denn nicht? Dabei weiß jeder: Der Sieg kann Lohn eigener Leistung sein, aber auch das Ergebnis eines glücklichen Zufalls, eines Schiedsrichters, der im richtigen Moment an der Strafraumgrenze einen Knick in der Optik hatte, oder aber der Formschwäche des Gegners. Niemand käme deshalb auf die Idee, die Punkte in der Bundesliga nach vorher ermittelten, abstrakten Gerechtigkeitskriterien zu verteilen: Arminia Bielefeld war noch nie deutscher Meister, also sind die diesmal dran. Oder: Der FC Bayern hat das entscheidende Spiel gegen den VfB Stuttgart nur mit viel Glück gewonnen, also werden wir der Mannschaft drei Punkte absprechen. Würde der Deutsche Fußballbund so vorgehen, gäbe es keine Bundesliga, weil niemand Lust hätte, unter diesen Bedingungen Fußball zu spielen.

In der Wirtschaft sollte es aber genau so zugehen, jedenfalls nach Überzeugung einer Mehrheit in Deutschland, wenn man denn Meinungsumfragen und Leserbriefe als Maßstab nehmen darf: Erst wird das Sozialprodukt auf Wettbewerbsmärkten produziert, dann wird es verteilt, und zwar nach Kriterien, die die Regierung festlegt, die Gewerkschaften oder sonst jemand. Und alle glauben stillschweigend, dass dies ohne Rückwirkungen auf die Ergebnisse des Wettbewerbs selbst bleibt.

Ein genauer Blick auf die Sprache lohnt sich: Das deutsche Wort *Wettbewerb* entstand im 19. Jahrhundert aus dem alten Wortstamm der Wette. In ihm steckt also etwas Spielerisches (mhd. *wete* = Pfand, Einsatz). Der Begriff Wettbewerb wurde entwickelt als Synonym für die Konkurrenz, die aus dem lateinischen *con-currere* (= zusammenlaufen, zusammenstoßen) entlehnt ist. Die Wurzeln des Wortes liegen offensichtlich im Spiel, vielleicht sogar in den alten Ritterspielen. Einen interessanten sprachlichen Unterschied gibt es hier zum Englischen. Auf Englisch heißt Wettbewerb *competition*, was sich aus dem lateinischen Verb *competo* ableitet und wahrscheinlich bedeutet: eine Sache vor Gericht bringen. Und in genau diesem Sinne wurde *to compete* im frühen englischen Sprachgebrauch benutzt: Zwei Männer brachten einen Sachverhalt bei Gericht vor. Im Laufe der Zeit wurde diese Form von *competition* als Norm für das korrekte Verhalten von Kaufleuten entwickelt: Sie legten ihr Angebot offen, so dass jedermann wusste, was sie zu bieten hatten und welchen Preis sie verlangten.

Man sollte derartige Unterschiede in den sprachlichen Wurzeln nicht überbewerten, aber die ganz andere Wahrnehmung des Wettbewerbs in der deutschen und der angelsächsischen Tradition ist doch verblüffend. Adam Smith beschrieb die »unsichtbare Hand« des Marktes als wohltätige Kraft, in Deutschland hatte Konkurrenz immer etwas Krämerisches an sich, wenn nicht gar etwas Illegitimes. Bemerkenswert zum Beispiel, dass Werner Sombart, ein führender Theoretiker der deutschen Historischen Schule der Nationalökonomie, in seinem Hauptwerk *Der moderne Kapitalismus* 1902 das Phänomen des Wettbewerbs überhaupt nicht beschreibt, selbst dort nicht, wo es fast zwingend erscheint, etwa wenn er auf die Preisbildung im Frühkapitalismus eingeht. Sombart nimmt zwar wahr, dass im Kapitalismus die Preisbildung »rationalisiert« wird, nicht aber wodurch, nämlich durch die Konkurrenz.

Für das Verhältnis der Deutschen zum Wettbewerb bedeutete das Jahr 1945 einen radikalen Bruch. Die Ökonomen, Juristen und Politiker, die in den letzten Kriegstagen und unmittelbar nach dem Krieg eine neue Ordnung für die deutsche Wirtschaft erdachten, waren sich, bei allen Unterschieden, in einem Punkt einig: Es sollte eine Wettbewerbsordnung sein. Dabei trafen sie sich mit den Bestrebungen der Alliierten, die die Kartelle der deutschen Montan- und Chemieindustrie zerschlagen wollten.

Ludwig Erhard, der erste Bundeswirtschaftsminister in Bonn, startete das westdeutsche Wirtschaftswunder im Juni 1948 mit einem mutigen Akt der Wettbewerbspolitik. Er setzte nicht nur, auf Geheiß der Alliierten, die Währungsreform um, er führte auch, in einer Art Schocktherapie, gleichzeitig die freie Marktwirtschaft ein. Einen Tag vor der Währungsreform (am 20. Juni 1948) verkündete Erhard über den Rundfunk, Zwangsbewirtschaftung und Preisbindungen, die die Besatzungsmächte noch aus der Kriegswirtschaft der Nazis übernommen hatten, seien ab sofort aufgehoben. Am nächsten Tag zitierte ihn der amerikanische Militär-Gouverneur Lucius D. Clay zu sich und warf ihm vor, er habe eigenmächtig Vorschriften des alliierten Besatzungsrechts verändert. Erhards Antwort ist legendär: »Ich habe sie nicht verändert, ich habe sie abgeschafft.«

Am Tag nach der Währungsreform waren plötzlich alle Schaufenster in Westdeutschland mit lange entbehrten Waren gefüllt – ein Schlüsselerlebnis für eine ganze Generation von Bundesbürgern. Die einen nahmen es als Beleg für die Vorzüge der Marktwirtschaft, die anderen als Hinweis darauf, wie egoistisch Kaufleute sein können: Sie geben ihre Waren nur her, wenn es richtiges Geld dafür gibt.

Für die ordoliberalen Ökonomen der Freiburger Schule um Walter Eucken war der Wettbewerb der Schlüssel zur Erneuerung des Liberalismus. Der alte Liberalismus hatte unter der Bedrohung von Kommunismus und Nationalsozialismus unter anderem deshalb versagt, so argumentierten Eucken, Wilhelm Röpke und andere, weil er nichts gegen die Vermachtung der Wirtschaft unternommen hatte, gegen Kartelle, Trusts und die Unterbindung des Wettbewerbs durch Interessengruppen. Also war es die vornehmste Aufgabe des Staates, die Wettbewerbsordnung zu sichern (daher der Name *Ordo*liberale).

Eucken baute vor allem darauf, dass die Konkurrenz wirtschaftliche Macht begrenzt, dabei orientierte er sich am Leitbild des »vollständigen Wettbewerbs«: Es müsse immer so viele Anbieter am Markt geben, dass kein Einzelner die Preise aktiv beeinflussen könne – ein Ideal, das vielleicht auf einem Wochenmarkt, nicht aber in einer Wirtschaft mit großen Industrieunternehmen zu verwirklichen ist. Doch obwohl das

Ideal nicht ganz realistisch war, leisteten die Ordoliberalen die gedankliche Vorarbeit für das Gesetz gegen Wettbewerbsbeschränkungen (GWB) vom 27. Juli 1957, seinerzeit eines der fortschrittlichsten Kartellgesetze Europas.

Ludwig Erhard benutzte den Begriff Soziale Marktwirtschaft als plakative Umschreibung seiner Überzeugungen, aber auch als Marketing- und Kampfbegriff. Eine Marktwirtschaft war für ihn ganz einfach dann sozial, wenn Wettbewerb und Geldwert gesichert waren. Den Begriff Soziale Marktwirtschaft geprägt hat der Kölner Ökonom Alfred Müller-Armack, der stark von der katholischen Soziallehre geprägt war und daher auch eine viel aktivere Sozialpolitik forderte als Erhard. Müller-Armack, der unter Ludwig Erhard Staatssekretär im Bundeswirtschaftsministerium war, sah in Wettbewerb und Markt eine besondere Form der Gewaltenteilung: »Es vollzieht sich [in der Marktwirtschaft] eine extreme Versachlichung und Entpolitisierung des Wirtschaftlichen.«

Aber gerade diese Versachlichung und Entpolitisierung rief Unbehagen hervor, als die Bundesrepublik älter wurde. Wie in allen Industriegesellschaften formierten sich in der Bundesrepublik die unterschiedlichsten Interessengruppen und versuchten die Politik zu beeinflussen; der Bundesverband der Deutschen Industrie zum Beispiel leistete erbitterten Widerstand gegen die Wettbewerbspolitik von Ludwig Erhard. Der Widerstand kam aber auch von links, seitens der Intellektuellen.

Viele junge Leute hatten sich verständlicherweise darüber empört, wie viele alte Nationalsozialisten im neuen Staat Karriere machen konnten und wie wenig in den fünfziger und sechziger Jahren über die Verbrechen des Dritten Reiches gesprochen wurde. Deshalb übersahen sie, welchen Bruch die Bundesrepublik mit Demokratie, Marktwirtschaft und Westbindung in der deutschen Geschichte tatsächlich bedeutete. Manche übernahmen auch die alte kommunistische These, wonach Faschismus und Nationalsozialismus besondere »Formen bürgerlicher Herrschaft« seien, dass also die Faschisten gewissermaßen die Handlanger des Großkapitals waren. Das brachte noch eine besondere moralische Militanz in ihren Antikapitalismus.

Und schließlich nahm die Neue Linke begeistert den Terminus der Entfremdung auf, der bei der Wiederentdeckung von Karl Marx Ende der sechziger Jahre eine entscheidende Rolle spielte. Die List der Marktwirtschaft liegt darin, dass die Menschen durch Preissignale dazu angeleitet werden, gesellschaftlich nützliche Arbeit zu tun. Wenn der Preis für ein Produkt sinkt, muss der Produzent irgendetwas tun, die Kosten senken, die Qualität verbessern, mehr Werbung treiben oder irgendetwas anderes herstellen. Die Preissignale sind naturgemäß anonym – und der entscheidende Faktor bei der Versachlichung des Wirtschaftens durch den Markt, die Müller-Armack konstatiert hat. Karl Marx beschrieb diese Versachlichung bereits im 19. Jahrhundert, für ihn hatte sie aber etwas Bedrohliches. In seinen ökonomisch-philosophischen Manuskripten beklagte er 1844, dass die Arbeit des Arbeiters ein Gegenstand »und eine selbstständige Macht ihm gegenüber wird, dass das Leben, was er dem Gegenstand verliehen hat, ihm feindlich und fremd gegenübertritt«.

Im Jahr 1968 versuchten die jungen Soziologiestudenten dieses Gefühl der Entfremdung auf die Wohlstandsgesellschaften des 20. Jahrhunderts zu übertragen. Noch grundsätzlicher als ihre Kommilitonen in Paris, Berkeley und Rom wandten sich die demonstrierenden Studenten 1968 in Berlin, Frankfurt und München gegen Markt und Wettbewerb. In antiautoritären Kinderläden sollten die progressiven Kinder das Konkurrenzdenken verlernen und sich nur noch solidarisch verhalten. Verschiedene Bildungsreformen sorgten für niedrigere Leistungsstandards, auf dass die Kinder ohne Leistungsdruck bessere Chancen haben sollten. Junge Leute strebten nach Selbstverwirklichung, notfalls mit Hilfe bewusstseinserweiternder Drogen. Und man stellte Forderungen an den Staat, der einem all dies ermöglichen sollte.

In einem typischen Text (Dieter Duhm: *Angst im Kapitalis-*

mus) aus der damaligen Zeit heißt es: »Die Entfremdung schlägt sich subjektiv darin nieder, dass die Gesellschaft erlebt wird als das bedrohliche Walten anonymer Mächte. Wenn ich arbeite, fühle ich mich diesen Mächten ausgeliefert; sie haben mir meine Arbeit weggenommen, noch ehe ich mit ihr beginne, denn sie sind es und nicht ich, die über meine Arbeit verfügen.« Wer dem Markt und dem Wettbewerb so gegenübertritt, der hat das dringende Bedürfnis nach Schutz, er geht als potenzielles Opfer an ökonomische Dinge heran, als Opfer, das im Zweifelsfall auf die Verteilung des vorher Erwirtschafteten setzt.

Dies waren die gedanklichen Voraussetzungen für die Ausweitung des Sozialstaats selbst unter relativ wohlhabenden Bürgern. Was natürlich Auswirkungen auf jene hatte und hat, die für den Sozialstaat mit Steuern und Abgaben belastet werden. Der Wettbewerb kommt aber durch die Hintertür wieder ins System zurück, als Wettbewerb bei der Suche nach den ergiebigsten Steuer-Schlupflöchern und nach den besten Tricks, um an Subventionen oder Sozialleistungen zu kommen; dafür bürgerte sich unter jungen Leuten in den siebziger Jahren das Wort »Staatsknete« ein, das in seiner Infantilität ein guter Reflex auf das unerwachsene Verhältnis derer zum Staat ist, die es verwenden. Es entstand ein deformierter Wettbewerb um die Verteilung, der der Produktion nicht zugute kam.

Dabei zeigte sich ein merkwürdiger Widerspruch. Einerseits wurde die Gesellschaft viel freier. Andererseits verlangt diese Freiheit auch viel persönlichen Gestaltungswillen. In der Folge der Achtundsechziger-Revolution lösten sich in der Bundesrepublik wie überall im Westen autoritäre Gesellschaftsstrukturen auf. Die bürgerliche Kleinfamilie als Norm trat in den Hintergrund, Homosexualität wurde gesellschaftlich akzeptiert. Niemand findet heute noch etwas dabei, dass mit Hamburg und Berlin die beiden größten Städte von bekennenden Homosexuellen regiert werden oder dass junge Menschen zusammenleben oder sogar gemeinsame Kinder haben, ohne verheiratet zu sein. Vor allem stieg die Zahl der Single-Haushalte. Nach einer

Untersuchung der EU lebten in Deutschland 1998 ein Viertel aller jungen Menschen zwischen 24 und 29 allein, in bayerischen Großstädten ist heute jeder zweite Haushalt ein Single-Haushalt. Im Jahr 1960 gab es eine Ehescheidung auf 1000 Einwohner, im Jahr 2000 waren es 2,4; immer häufiger sind es die Frauen, von denen die Scheidung ausgeht.

Das bedeutet: Wer heute aufwächst, kann über seine Biographie selbst bestimmen, er muss es aber auch. Die Gefahr des Scheiterns bei dieser Gestaltungsaufgabe ist immer präsent. Mit anderen Worten: Es findet im privaten Bereich ein heftiger Wettbewerb statt, um die besseren Lebensentwürfe, um Schönheit, um begehrenswerte Partner, um beruflichen Erfolg. Die Kunst des Selbstmarketings wird immer weiterentwickelt. Popgrößen wie Verona Feldbusch oder Dieter Bohlen machen es vor.

Wer eine sinnliche Erfahrung von diesem Selbstmarketing bekommen will, der muss nur in ein beliebiges Fitnessstudio gehen. Vielen scheint es heute nicht mehr zu genügen, sich in die üblichen Folgen des Älterwerdens zu fügen; man will gesund sein, jung und gut aussehen und am besten bis ins hohe Alter potenziell dem Markt der Partnerwahl zur Verfügung stehen. Dabei bleibt ein frappierendes Missverhältnis: Dies alles findet statt unter wirtschaftspolitischen Rahmenbedingungen und vor allem einem Sozialsystem, das dem Wettbewerb eher abhold ist. Ist dies vielleicht der Grund dafür, dass so viele junge Menschen heute einen orientierungslosen und desillusionierten Eindruck machen?

Gleichzeitig hat der Persönlichkeitskult in der Wirtschaft ungeahnte Ausmaße angenommen. Den entsprechenden Trend aus Amerika haben die Deutschen mit Begeisterung aufgenommen. Noch nie waren Vorstandsvorsitzende in deutschen Aktiengesellschaften so mächtig wie heute, noch nie haben sie so viel Geld verdient und noch nie waren sie so bekannt. Früher galten Chefs in der Wirtschaft als langweilig, heute schafft es DaimlerChrysler-Chef Jürgen Schrempp mit seinen Machtspielen auf die ersten Seiten der Tageszeitungen. Die Chefs halten sich weniger an Normen als früher, sie haben auch weniger emotionale Bindungen an Deutschland. Und es ist ein Treppenwitz der Geschichte, dass ausgerechnet die Generation der Kinder der Achtundsechziger in der Spekulationsblase der New Economy Ende der neunziger Jahre das Wettbewerbsdenken besonders rücksichtslos und kurzatmig durchlebte; und dass man immer wieder von Managern der jüngeren Generation Äußerungen von besonderer Brutalität hört. Natürlich – in Unternehmen müssen harte Entscheidungen gefällt werden, etwas, was die im Überfluss aufgewachsene Generation der Nachkriegsjahre erst lernen musste. Aber muss man dies dann gleich mit dem Satz kommentieren, wie er von einem deutschen Daimler-Manager kolportiert wird, der in die Sanierung der amerikanischen Tochter Chrysler involviert war: »Erst wenn wir im Blut waten, dann wird es richtig.« Fast scheint es, als müssten die Deutschen das Zusammenwirken von Wettbewerb und Zivilisation erst noch lernen.

Weil Deutschland ein offenes Land ist, haben seine Bürger die gesellschaftlichen Veränderungen der vergangenen dreißig Jahre mitgemacht, auch im Hinblick auf Mobilität und Flexibilität, so wie in den meisten anderen Industriegesellschaften. Die Wirtschaft ist dagegen noch überreguliert, Unternehmern stehen alle möglichen Hürden entgegen, administrativer wie sozialpsychologischer Art. Zum einen gilt Wettbewerb als Bedrohung, als »Turbokapitalismus«, der »gezähmt« werden muss, zum anderen macht es die Regulierung im Alltag den Menschen schwer, in diesem Wettbewerb mitzuhalten, und provoziert so das befürchtete Ergebnis: Die Deutschen fallen im Wettbewerb zurück.

In Deutschland dauert es nach einer Erhebung der Weltbank 45 Tage, bis ein Existenzgründer das Genehmigungsverfahren für eine GmbH mit sozialversicherungspflichtigen Beschäftigten abgeschlossen hat. In Finnland sind es 33 Tage, in Österreich 29, in Italien 23, in Großbritannien 18 und in den Vereinigten Staaten und in Dänemark vier Tage. Es ist für deutsche Unternehmer nur ein geringer Trost, dass das Verfahren in Frankreich noch länger dauert, nämlich 53 Tage.

Interessant sind in diesem Zusammenhang die Erkenntnisse des *Global Competitiveness Report 2003/2004*, der alljährlich vom World Economic Forum in Genf herausgegeben wird, jener Organisation, die das Weltwirtschaftsforum in Davos organisiert. Der mit Abstand größte Wettbewerbsnachteil Deutschlands sind danach die störenden Eingriffe in den Markt durch staatliche Subventionen. Hier hat Deutschland den 100. Rang unter 102 Ländern. Auf die Frage, was sie am problematischsten für ihr Geschäft empfänden, antworteten 25 Prozent der Unternehmer: die restriktive Regulierung auf dem Arbeitsmarkt (und nicht die absolute Höhe der Löhne). Fast genauso viele empfanden die Steuerregulierung als störend, mehr noch als die Steuersätze selbst. Insgesamt hat sich Deutschlands Platz, was die Wachstumsaussichten betrifft, 2003 vom 14. auf den 13. Rang verbessert, was zeigt, dass die Lage des Landes auch wieder nicht hoffnungslos ist.

Viel Bürokratie liegt im Kleinen verborgen, die Probleme treten in einer Form auf, die der Aufmerksamkeit der Journalisten entgeht. Der Unfallschutz am Arbeitsplatz ist über eine staatliche Zwangsorganisation, die Berufsgenossenschaft, sehr teuer und ineffektiv organisiert. Die Kosten für Steuerberatung und Buchführung machen vielen Kleinunternehmern den Garaus. Eine Expertenkommission zum Abbau von Bürokratie unter Vorsitz des früheren Chefs von McKinsey Deutschland, Herbert Henzler, hat im Auftrag der bayerischen Staatsregierung vorgeschlagen, Unternehmen bis zu einem Jahresumsatz von 500.000 Euro eine einfache Einnahmen-Ausgaben-Rechnung zu erlauben (also ohne doppelte Buchführung); herauskommen wird, wenn alles gut geht, eine Obergrenze von 300.000 Euro, ganze 50.000 Euro mehr als bisher. Die politischen Lager blockieren sich dabei gegenseitig. Der sozialdemokratische Bundeswirtschaftsminister Wolfgang Clement will die deutsche Handwerksordnung lockern – und wird dabei von Union und

Liberalen gebremst. Herbert Henzler selbst glaubt, dass immer mehr Arbeitsplätze einfach deshalb verloren gehen, weil Selbstständige, deren Verdienst und gesellschaftliche Anerkennung in keinem Verhältnis mehr zum Einsatz stehen, keine Lust mehr haben und aufgeben.

Ein besonderes Beispiel für schädliche Regulierungen ist der Kündigungsschutz. Von der rot-grünen Bundesregierung nach ihrem Amtsantritt erst einmal noch verschärft, ist er heute ein Einstellungshindernis ersten Ranges, weil die Betriebe nicht wissen, was sie mit den Personalkosten im Falle einer Krise machen sollen. Entscheidend ist die Tatsache, dass die Kosten einer Kündigung unkalkulierbar sind. Zwar sind in Krisenzeiten betriebsbedingte Kündigungen nach dem Gesetz jederzeit möglich, Arbeitnehmer können jedoch dagegen klagen und dabei vor den Arbeitsgerichten exorbitante Summen erstreiten. Das macht Neueinstellungen vor allem in Industrien mit stark schwankendem Geschäft unattraktiv. Auch dies ist ein Faktor, der die Arbeitslosigkeit in die Höhe getrieben hat.

Diese Regulierungsdichte blieb erstaunlicherweise auch dann noch bestehen, als in den anderen Industrieländern die Welle der Deregulierung begann. Die EU erzwang in Deutschland die Abschaffung des Post- und Fernmeldemonopols, die Öffnung der Energiemärkte, den Wettbewerb bei Strom und Gas, mehr Wettbewerb im Autovertrieb und die Abschaffung der Staatsgarantien für Sparkassen und Landesbanken.

Doch während überall in der Welt die Wettbewerbsintensität zunahm, blieb Deutschland in der Ära Helmut Kohl seltsam gelähmt. Und dies, obwohl sich mit der Wiedervereinigung fast alle Rahmendaten des Wirtschaftens geändert hatten.

Die Chancen nahmen andere wahr. Das hat zum Teil damit zu tun, dass die Deutschen aufgrund der Wiedervereinigung mehrere Jahre nur mit sich selbst befasst waren. Jetzt ist es höchste Zeit, dass das Land sich dem Wettbewerb stellt. Es gibt eine lange Liste von Deregulierungsvorschlägen, aber ihnen fehlt noch der Rückhalt in der Öffentlichkeit, weil die Menschen dem

Wettbewerb misstrauen. Nicht umsonst wurden die Deutschen zum Gespött der Welt wegen der Art, wie sie das Problem der Müllvermeidung zu lösen versuchten. Das Dosenpfand geht sicher in die Geschichte ein als einer der krassesten Fälle von Überregulierung.

Es ist Zeit, dass sich Deutschland der Wirklichkeit stellt: Die Bürger brauchen in wirtschaftlichen Dingen den gleichen Gestaltungsspielraum, den sie in privaten Dingen längst und wie selbstverständlich für sich in Anspruch nehmen. Manche Regulierung mag früher einmal eine Schutzfunktion gehabt haben. Heute sind viele nur noch ein Hindernis für den so Regulierten.

Die Rentner kommen

Am 30. März 2004 wurde der Verkehr in München durch eine bemerkenswerte Kundgebung blockiert: 25.000 Rentner demonstrierten gegen höhere Kosten für die Gesundheitsreform und niedrigere Renten. Der Sozialverband VdK Bayern, der den Protest organisiert hatte, rechnete vor: Der Beitrag, den die Rentner für die Pflegeversicherung bezahlen müssen, verdoppelt sich, die Anpassung der Renten zum 1. Juli wird ausgesetzt, also handelt es sich um die erste Rentenkürzung seit dem Zweiten Weltkrieg. Auf den Transparenten der Senioren war zu lesen: »Gegen Sozialabbau und Rentenklau«, »Wir sind nicht die Melkkühe der Nation« und »Rente ist kein Gnadenbrot, sondern ein Rechtsanspruch«. Es war die bisher größte Rentnerdemonstration in der Geschichte Bayerns.

Wer den Demonstrationszug gesitteter Menschen zwischen Stachus und Odeonsplatz gesehen hat, der musste unwillkürlich an jene Spekulationen von Bevölkerungswissenschaftlern und Demokratie-Theoretikern denken, die für die Zukunft in einer alternden Gesellschaft eine demographische und demokratische Blockade voraussagen: Der Anteil der Menschen in der Gesellschaft, die Leistungen vom Sozialsystem empfangen, wird immer größer, der Anteil jener, die in das System zahlen, immer kleiner. Also wird es bei Wahlen Anti-Reform-Koalitionen geben, mehr noch: Die Reform-Verhinderer haben eine strukturelle Mehrheit, ein Zusammenbruch des Systems wäre dann unvermeidbar. Schließlich können die Ansprüche an das System nur dann erfüllt werden, wenn es genügend Leistungsträger gibt.

Wenn die Münchner Demonstranten sagen, die Rente sei ein »Rechtsanspruch«, an wen wendet sich dann dieser Anspruch?

Natürlich an die jüngere Generation, auch wenn dies dem Träger des fraglichen Transparentes nicht bewusst sein mag und er eigentlich den Bundeskanzler und die Bundesregierung anklagen wollte. Insofern könnte die geschilderte Demonstration durchaus ein Vorgeschmack auf Kommendes sein. Allerdings sollte man mit Vorhersagen über das voraussichtliche egoistische Wahlverhalten von Alterskohorten vorsichtig sein. Die meisten Menschen haben nicht nur ihr eigenes Wohlergehen im Auge, sondern das ihrer nächsten Angehörigen, und zwar besonders das der jüngeren Generation – in erster Linie der eigenen Kinder natürlich, aber auch von Enkeln, Nichten, Neffen und Patenkindern. Schwer vorstellbar, dass Oma und Opa ihrer Enkelin die Klavierstunden zahlen, gleichzeitig aber durch ihre politischen Forderungen bewusst dafür sorgen, dass sie als Erwachsene einmal wirtschaftlich ruiniert sein wird.

Vorausgesetzt natürlich, sie können die Zusammenhänge durchschauen – und genau hier liegt das Problem. Das deutsche Rentensystem ist so angelegt, dass es Leistungszahlern und Leistungsempfängern etwas vorgaukelt und beide von der Wirklichkeit abschottet. »Eins ist sicher: die Rente« plakatierte einst Arbeitsminister Norbert Blüm. »Die Rente ist nicht mehr sicher«, sagt der Finanzberater, wenn er seinem Kunden eine Lebensversicherung oder einen Sparplan verkauft. Beide haben Recht und Unrecht zugleich. Die entscheidende Frage ist, mit wie viel Rente man in Zukunft rechnen kann.

Verantwortlich für diese Vernebelung in Sachen Rente sind letztlich weder Gerhard Schröder noch sein Vorgänger Helmut Kohl. Es ist der erste Bundeskanzler Konrad Adenauer. Der setzte die Große Rentenreform von 1957 in einer Großen Koalition mit der SPD durch – gegen den hartnäckigen Widerstand seines Wirtschaftsministers Ludwig Erhard. Eingeführt wurde mit der Reform die bruttolohnbezogene Rente, ein Ausdruck der allgemeinen Überzeugung, dass die Rentner damals, zwölf Jahre nach dem Ende des Krieges, Nachholbedarf hatten: Die Renten stiegen mit den Bruttolöhnen, also schneller als die Nettoverdienste der Arbeitnehmer. Außerdem schaffte der Bundestag damals das Prinzip der Kapitaldeckung ab; die Rentenversicherung wurde im reinen Umlageverfahren erhoben. Die Beiträge der jeweils aktiven Generation fließen seither direkt in die Kassen der Ruhestandsgeneration. Der Vorteil des Systems ist klar: Es gibt, anders als bei einer kapitalgedeckten Rente, keinen Kapitalstock, der unter Umständen durch Inflation oder Misswirtschaft aufgezehrt werden kann. Und es besteht, anders als bei steuerfinanzierten Sozialsystemen wie in Skandinavien, ein direkter Zusammenhang zwischen gezahlten Beiträgen und der späteren Rente (»Beitragsäquivalenz«).

Das System hat aber auch Nachteile. Ein Umlageverfahren funktioniert einigermaßen verlässlich dann, und nur dann, wenn sich die Bevölkerungsstruktur nicht ändert oder, konkreter, wenn das Verhältnis von Beitragszahlern und Rentnern immer ungefähr gleich bleibt. Theoretisch steht hinter jedem Umlageverfahren notwendigerweise nicht nur ein Zwei-, sondern ein Drei-Generationen-Vertrag: Die jeweils aktive Generation hat zwei Leistungen zu erbringen: Sie muss die ältere Generation finanzieren und das Heranwachsen der jungen, also der künftigen Beitragszahler. Deshalb spricht man von den jeweils aktiven Männern und Frauen auch als der »Sandwich-Generation«. Beitragsäquivalenz bedeutet daher nicht unbedingt Leistungsäquivalenz. Meine künftige Rente ist zwar daran gekoppelt, wie viel ich während meiner aktiven Zeit an die ältere Generation gezahlt habe, aber völlig unabhängig davon, ob ich auch den zweiten Teil des Generationenvertrages erfüllt und Kinder großgezogen habe, was ja eigentlich zur Geschäftsgrundlage gehört. (In Wirklichkeit ist die Rente nicht ganz unabhängig davon, denn seit den achtziger Jahren gibt es für Frauen Babyjahre bei der Rente, aber die gleichen nur einen sehr kleinen Teil der Erziehungsleistung aus.)

Schon bei Einführung der bruttolohnbezogenen Rente wies der große katholische Soziallehrer Oswald von Nell-Breuning auf diesen Zusammenhang hin: So wie es beschlossen wurde, sei das System unvollkommen. Nell-Breuning wollte Rentenbeiträge und -zahlungen nicht nur von den eigenen Beiträgen, sondern auch von der Zahl der eigenen Kinder abhängig machen. Überliefert ist die Antwort Konrad Adenauers: »Kinder kriegen die Leute immer.«

Aus heutiger Sicht wirkt Adenauers Satz lächerlich, aus der damaligen Sicht heraus ist er verständlich: 1957 war die Zeit des Babybooms, es war absehbar, dass sich das Verhältnis von Beitragszahlern und Rentnern sogar noch verbessern würde. Das gab den Politikern reichlich Gelegenheit, Wohltaten unters Volk zu streuen. Genau davor hatte Ludwig Erhard, der die Reform lange verhindern wollte, Angst: Dass die Ansprüche an die Rentenversicherung immer mehr steigen und auf der anderen Seite der Leistungswille erlahmt. Erhard warnte im Streit mit Adenauer davor, dass wegen der Rentenformel die Rentner zu Parteigängern überhöhter Lohnforderungen werden könnten. Außerdem habe die Formel bedenkliche Auswirkungen auf den privaten Versicherungs- und Sparsektor. Er sprach sich dafür aus, die Renten an der Steigerung des preisbereinigten Nettosozialprodukts festzumachen – und scheiterte letztlich am Widerstand des Bundeskanzlers.

Die Geldentwertung, vor der sich Erhard fürchtete, ist zwar nicht eingetreten, jedenfalls nicht wegen der Rente, dafür trieben die Beiträge immer mehr die Lohnkosten in die Höhe, sie erdrücken den Arbeitsmarkt. Die Politiker aller Parteien haben nicht den Mut gehabt, den Rentnern die Wahrheit zu sagen: Dass nämlich bei sinkenden Geburten- und Wachstumsraten das bisherige Rentenniveau nicht zu halten ist. Aufschlussreich ist es, heute noch einmal nachzulesen, mit welchen Argumenten die Politiker Anfang der siebziger Jahre, als die künftigen Probleme des Systems bereits erkennbar waren, um die Stimmen der Wähler warben. Im Wahlkampf 1972 rühmte sich die SPD unter anderem folgender Reformschritte: Einführung der flexiblen Altersgrenze; Arbeitnehmer durften danach mit 63 in den Ruhestand, den Rentnern wurde der Krankenkassenbeitrag erlassen, wodurch die Altersbezüge in diesem Jahr um zehn Prozent stiegen, Kleinrenten wurden extra angehoben. Nicht erwähnt haben die Wahlwerber der Sozialdemokraten den ökonomischen Gehalt dieser Geschenke: Sie wurden in einem ersten Schritt aus den Reserven der Rentenversicherung bezahlt und im folgenden der nächsten Generation aufgebürdet.

Wobei niemand sich etwas vormachen sollte: CDU und CSU umwarben die Rentner mit ähnlichen Argumenten. Hier zeigt sich, wie Recht Ludwig Erhard mit seinen Warnungen hatte: Das Umlageverfahren verführt Politiker dazu, das System zu überlasten. In guten Zeiten hat man Wechsel auf die Zukunft ausgestellt, in schlechten versucht, alle möglichen Probleme über die Rentenkassen zu lösen, vor allem das der Arbeitslosigkeit. Ältere Arbeitnehmer wurden in den Ruhestand geschickt – auf Kosten der Beitragszahler. Die deutsche Sozialunion, sprich: die Hebung der ostdeutschen Renten auf Westniveau mussten die westdeutschen Beitragszahler sicherstellen. Entsprechend stiegen die Beiträge. Wobei die absolute Höhe der Rentenbeiträge das Problem noch nicht genügend darstellt. Allein 70 Milliarden Euro fließen jährlich aus dem Bundeshaushalt in die Rentenkassen, teilweise aus der Ökosteuer. Dabei hat diese Steuer kaum dazu beigetragen, die Beiträge zu senken, sondern nur, ihren weiteren Anstieg zu bremsen. Das Rentensystem ist also dabei, die öffentlichen Finanzen auszuhöhlen. Und dies zu einem Zeitpunkt, an dem die demographischen Probleme in der Altersversorgung noch gar nicht wirklich virulent geworden sind. Die beginnen nach heutigen Berechnungen erst 2010.

In der quälenden Debatte um die Zukunft des Rentensystems suchen manche nach bequemen Auswegen. Sind weiter steigende Rentenbeiträge denn so schlimm – schließlich wächst die Wirtschaft ja weiter? Und könnten wir nicht die Rentenkassen dadurch aufbessern, dass künftig alle Gruppen der Gesellschaft sozialversicherungspflichtig werden, also auch Selbstständige und Beamte? Löst sich das Problem nicht von selbst durch Zuwanderung? Und ist es nicht ohnehin gleichgültig, in welcher

Form die Altervorsorge organisiert ist, es kommt doch nur auf die produktive Basis einer Volkswirtschaft an?

Der letzte Einwand ist der interessanteste, denn er hat einen realen Kern. Tatsächlich muss eine Generation im Ruhestand immer und unter jedem System von der Arbeit der aktiven Generation leben. Zum Leben brauchen wir ja immer reale Güter und Dienstleistungen: Essen, Getränke, Autos, die produziert, Pflegedienste, die von lebendigen Menschen erbracht werden müssen. In einem Umlagesystem erwerben wir die Ansprüche an die Arbeit der Aktiven über beitragsfinanzierte Renten, in einem kapitalgedeckten System durch die Renditen unserer Kapitalanlagen. In Deutschland ist dieser unbezweifelbare ökonomische Zusammenhang unter dem Namen »Mackenroth-Formel« bekannt geworden, nach dem der SPD nahe stehenden Kieler Soziologen Gerhard Mackenroth. Führen also die ganzen Rentenreform-Debatten in die Irre, sind die Riester-Rente und die ganzen Appelle zur privaten Altersvorsorge überflüssig?

Richtig ist, dass man allein mit einer kapitalgedeckten Rente nicht aus der demographischen Falle kommt. Das zeigt ein Gedankenexperiment: Würden alle Deutschen, statt Rentenbeiträge zu zahlen, Aktien der 30 Unternehmen aus dem Dax kaufen, dann stiegen in Zeiten, in denen es mehr beruflich aktive Menschen gibt, die Kurse; bei steigenden Rentnerzahlen fielen sie dagegen, weil die Älteren ihre Aktiendepots auflösen müssen, um ihren Lebensabend zu finanzieren. Das Entscheidende bei einer kapitalgedeckten Altersvorsorge ist etwas anderes: Der Teil der aktiven Generation, der an der Finanzierung der alten beteiligt ist, besteht nicht nur aus den Beitragszahlern im eigenen Land, sondern ist viel größer; er besteht aus all jenen Menschen, die in den Unternehmen arbeiten, in denen das Kapital angelegt ist. Theoretisch können dies Berufstätige auf der ganzen Welt sein. Zum Beispiel kann ein Fonds, der die Beiträge im Rahmen einer privaten Altersvorsorge einsammelt, sein Geld im Ausland und besonders in Ländern mit einer jüngeren Bevölkerung anlegen, so dass irgendwann sinngemäß die jungen Amerikaner und Asiaten für die Rente der alten Deutschen arbeiten. Mit derartigen Kapitalanlagen nehmen auch die Risiken zu, keine Frage, deshalb sind zum Beispiel die gesetzlichen Vorschriften für das Anlageverhalten von Lebensversicherungen sehr strikt. Aber man kann in einer alternden Bevölkerung nicht alles gleichzeitig haben: höhere Renten, stabile Beiträge und gleich bleibende Risiken. Wollen die Deutschen die Zwänge der Demographie ein wenig verringern, müssen sie Risiken in Kauf nehmen und streuen. Insofern war die Riester-Rente ein wichtiger erster Schritt. Dass der so bürokratisch ausgefallen ist, ist eine andere Geschichte.

Aber in der Öffentlichkeit werden ja, wie gesagt, noch viele andere Vorschläge erörtert, um der Falle zu entkommen: Wenn das Problem die fehlenden Beiträge sind, dann könnte man doch einfach die Zahl der Beitragszahler erhöhen, etwa, indem man Selbstständige und Beamte in die Rentenversicherung einbindet. Das hilft nur ein paar Jahre lang. Auch Selbstständige und Beamte werden älter und erwerben ihre eigenen Ansprüche. Ihre Altersstruktur unterscheidet sich nicht wesentlich von der der bisherigen Beitragszahler. Das Maximum, was man durch eine derartige Volksrente erreichen könnte, wäre ein Aufschub von ein paar Jahren, in denen man sich um die wirkliche Lösung der Probleme drücken kann. In diesem Sinne können auch junge Einwanderer das demographische Problem nur vorübergehend lindern, wenn sie denn überhaupt eine Arbeit finden. Sie zahlen erst einmal Beiträge und senken den Altersdurchschnitt der Gesamtbevölkerung – aber ist das eine dauerhafte Lösung? Auch Ausländer werden älter, mehr noch: Sie passen sich in ihrem generativen Verhalten der Mehrheitsbevölkerung an: Die Zahl der Kinder pro Familie sinkt von Generation zu Generation. Wollte man allein durch Einwanderung dafür sorgen, dass die Rentenbeiträge stabil bleiben, so müssten, das haben Ökonomen ausgerechnet, bis zum Jahr 2050 netto insgesamt 190 Millionen Ausländer nach Deutschland einwandern, offensichtlich ein Ding der Unmöglichkeit.

Nein, es führt kein Weg daran vorbei: Die Deutschen müssen sich dem demographischen Problem stellen. Sie werden im Alter länger arbeiten müssen, sie werden weniger Rente vom Staat bekommen, sie müssen mehr Kapital bilden und sie müssen Einwanderung zulassen. Vor allem aber muss die deutsche Wirtschaft produktiver werden – dann steigt auch die Basis, von der aus dann die Renten gezahlt werden können. Die Frage der Gerechtigkeit im Sozialsystem stellt sich damit neu. Ist es gerecht, die aktive Generation immer stärker zu belasten, um hohe Alterseinkommen finanzieren zu können, selbst wenn darunter das ökonomische Fundament Deutschlands leidet? Oder ist es nicht vielleicht gerechter, die Lasten zwischen den Generationen auszutarieren und die Wirtschafts- und Sozialpolitik auf Wachstum und Beschäftigung auszurichten? Gerechtigkeit bekommt dann eine ganz neue, zeitliche Dimension.

Soziale Gerechtigkeit

Einer der wichtigsten Begriffe in der öffentlichen Debatte Deutschlands ist der der sozialen Gerechtigkeit. Das Schlimmste, was man über seinen politischen Gegner sagen kann, ist, dass er »soziale Kälte« vertritt, dass seine Politik »sozial ungerecht« ist. Die wirtschaftliche Einigung der Nation wurde unter der Maxime der sozialen Gerechtigkeit vorangetrieben, bei der Sozialhilfe, den Löhnen und den Renten – immer geht es irgendwie um soziale Gerechtigkeit. Daher lohnt sich ein Blick zurück.

Es war vor einem Vierteljahrhundert, am 6. Februar 1979 in der Aula der Universität Freiburg. Der Nobelpreisträger Friedrich A. v. Hayek hatte noch im hohen Alter eine Professur an der Stätte seines früheren Wirkens bekommen und hielt jetzt seine Antrittsvorlesung unter dem Titel »Wissenschaft und Sozialismus«. Was so unscheinbar daherkam, war eine Generalabrechnung mit dem Denken der siebziger Jahre. »Ich gestehe, auch wenn Sie das schockieren mag, dass ich nicht sozial denken kann«, erzählte Hayek den verblüfften Zuhörern und legte gleich noch eins drauf: »Ich weiß gar nicht, was das ist.« Und dann demontierte er den Begriff »sozial«. Dieses Adjektiv sei ein »Wieselwort«, das dem Substantiv, dem es vorausgestellt werde, seine Bedeutung nehme: »Was es eigentlich heißt, weiß niemand. Wahr ist nur, dass eine soziale Marktwirtschaft keine Marktwirtschaft, ein sozialer Rechtsstaat kein Rechtsstaat, ein soziales Gewissen kein Gewissen – und ich fürchte auch, soziale Demokratie keine Demokratie ist.«

Hayeks Vorlesung stieß seinerzeit auf viel Unverständnis, aber die listige Wahrheit, die in ihr steckt, erschloss sich immer mehr Menschen. Heute ist die Wendung mit dem »Wieselwort sozial« jedem Volkswirtschaftsstudenten geläufig. In der breiten Öffentlichkeit ist die politische Dimension von Hayeks Gedanken bisher kaum verstanden worden: dass es unter Umständen gerechter zugeht, wenn man auf den Begriff der »sozialen Gerechtigkeit« ganz verzichtet.

Was Gerechtigkeit ist, unterliegt zwar auch sehr subjektiven Kriterien, ist aber immerhin einer rationalen Diskussion zugänglich. Die meisten Menschen werden wahrscheinlich die Gleichheit aller Menschen vor dem Gesetz als gerecht bezeichnen, oder den Versuch des Staates, möglichst allen Menschen die gleichen Startvoraussetzungen im Leben zu verschaffen. Doch was ist im Vergleich dazu »sozial« gerecht? Die Mehrzahl der Deutschen wird finden, dass die gegenwärtige Verteilung von Einkommen und Vermögen *nicht* sozial gerecht ist. Aber welche Verteilung wäre es dann? Wenn alle, Kluge und Dumme, Fleißige und Faule gleich viel verdienen? Sicher nicht. Ist es nicht im Gegenteil eine Sache der Gerechtigkeit, dass ich für meine Anstrengungen im Wettbewerb belohnt werde? Habe ich einen Anspruch darauf, dass mein Nachbar nicht mehr als X Prozent mehr verdient als ich? Und wenn ja, wie hoch ist dieser Prozentsatz? Und an wen richtet sich der Anspruch?

Der langjährige Staatssekretär im Bundeswirtschaftsministerium, Otto Schlecht, Mitarbeiter von Ludwig Erhard und einer der einflussreichsten Beamten der alten Bundesrepublik, hat versucht den Begriff der sozialen Gerechtigkeit dadurch zu retten, dass er ihm eine zeitliche Dimension gab und aus der engstirnigen gegenwartsbezogenen Verteilungsdebatte herauslöste. Sozial gerecht ist, so schrieb Schlecht

- »was Chancen und Beschäftigung für alle schafft und dafür die marktwirtschaftliche Effizienz nicht sozialpolitisch überfordert;
- wenn sich zusätzliche Anstrengungen der Bürger und Investitionen der Unternehmen lohnen, soziale Leistungen so dimensioniert sind, dass die Aufnahme von Arbeit interessant bleibt;

- wenn auf einen fairen und nachhaltigen Interessen- und Finanzausgleich zwischen den Generationen geachtet wird. Und dies nicht nur in der Umweltpolitik, sondern auch bei der Finanzierung öffentlicher Aufgaben und bei der sozialen Sicherung;
- wenn Gerechtigkeitsüberlegungen nicht erst bei der sozialen Umverteilung des Sozialprodukts entstehen, sondern früher bei der Schaffung von Chancen- und Leistungsgerechtigkeit;
- wenn in diesem Zusammenhang erkannt wird, dass der Arbeitsmarkt nicht aus einem feststehenden Volumen besteht und eine feste Arbeitszeit nicht auf eine größere Zahl von Arbeitswilligen verteilt werden muss, sondern dass es sich um einen dynamischen Prozess handelt, der über Wachstum mehr Arbeitsplätze schafft.«

Auf diese Weise bekommt das Ziel der sozialen Gerechtigkeit eine Reihe zusätzlicher Dimensionen. Gerechtigkeit bezieht sich dann nicht nur auf die Verteilung, sondern auch auf die Entstehung des Sozialprodukts; der Begriff berücksichtigt dann nicht nur die Gegenwart, sondern auch die Zukunft des Landes.

Eine andere Möglichkeit wäre, auf den Begriff ganz zu verzichten und den Sozialstaat als eine Versicherung zu begreifen, eine Versicherung für die großen Risiken des Lebens: Arbeitslosigkeit, Alter, Berufsunfähigkeit, schwere Krankheit. Einige dieser Risiken können gar nicht privat versichert werden. Zum Beispiel gibt es nirgendwo auf der Welt eine wirklich funktionierende private Arbeitslosenversicherung, einfach deshalb, weil der Versicherte ja den Versicherungsfall selbst auslösen kann, etwa indem er seinen Arbeitgeber veranlasst, ihm zu kündigen. Dieses Risiko des selbst ausgelösten Schadens, des *moral hazard*, wie der Fachterminus heißt, würde die Prämien einer privaten Versicherung prohibitiv hoch machen. Daher muss das Risiko der Arbeitslosigkeit in irgendeiner Weise solidarisch versichert werden. Auch das Krankheitsrisiko lässt sich nicht völlig privat versichern. Ein Kind zum Beispiel, das mit einer unheilbaren Krankheit geboren wird, würde niemals in eine private Krankenversicherung aufgenommen werden, jedenfalls nicht mit Prämien, die seine Eltern bezahlen können.

Jeder zivilisierte Staat ist also bis zu einem gewissen Grad eine Veranstaltung zur Versicherung von Risiken, die seine Bürger nicht alleine tragen können. Der Perspektivwechsel ist wichtig, denn er macht klar, dass der Sozialstaat durchaus eine wirtschaftliche Veranstaltung ist: Er begründet Ansprüche auf Seiten der Empfänger, aber auch der Zahler. Für den Empfänger gilt das unbedingte Versorgungsversprechen der Gemeinschaft: Jedem, der in Not kommt, wird ein gewisser Mindestlebensstandard garantiert. Umgekehrt haben auch die Zahler einen Anspruch: Die Empfänger müssen das ihnen Mögliche tun, um wieder auf eigenen Beinen zu stehen. Die Versicherung muss den *moral hazard* verhindern: dass Menschen absichtsvoll den Versicherungsfall herbeiführen. Das Problem wird mit dem geläufigen Begriff der »Sozialschmarotzer« nur unzureichend umschrieben. Natürlich gibt es auch die: Menschen, die einfach faul sind und ihre Talente einsetzen, um die Sozial- und Arbeitsämter zu betrügen. Stärker ins Gewicht fällt es, dass die Gesetze oft so angelegt sind, dass sie den Versicherungsfall auslösen müssen. Zum Beispiel, wenn die Sozialhilfe und andere Lohnersatzleistungen des Staates nur wenig niedriger sind als die Löhne für gering qualifizierte Arbeitnehmer. Dann kann es für einen Betroffenen durchaus rational sein, mit dem Arbeiten aufzuhören; warum sollte man sich für 20 Euro im Monat anstrengen? Die meisten Menschen werden den bewussten Schritt aus der Arbeit in die Sozialhilfe nicht tun, schon aus Selbstachtung. Umgekehrt ist der Fall hingegen plausibler: Warum sollte sich ein Sozialhilfeempfänger auf Jobsuche machen, wenn praktisch jeder verdiente Euro direkt von der Sozialhilfe abgezogen wird?

Ein anderer Weg, den Versicherungsfall im Sozialstaat zu provozieren, ist es, beruflich wenig qualifizierte Ausländer aus humanitären und anderen Gründen ins Land zu lassen, sie dann aber durch eine strenge Regulierung des Arbeitsmarkts daran zu hindern, ihren Lebensunterhalt selbst zu verdienen. Dann kommt es tatsächlich zu Zuwanderung in Sozialhilfe, nicht weil die immigrierenden Ausländer Schmarotzer wären, sondern weil der Staat die Anreize falsch setzt. Er lässt Ausländer ins Land, aber er signalisiert ihnen, dass sie nicht wirklich willkommen sind, wenn sie sich dem deutschen Arbeitsmarkt zur Verfügung stellen. Der Präsident des Münchner Ifo-Instituts, Hans-Werner Sinn, hat ausgerechnet, dass die Hilfe der Städte und Gemeinden zum Lebensunterhalt von 1970 bis zum Jahr 2000 nominal (also einschließlich der Preissteigerung) um 450 Prozent gestiegen ist, der Stundenlohn eines Industriearbeiters dagegen nur um 350 Prozent. Im gleichen Zeitraum wuchs die Zahl der Sozialhilfeempfänger von 750.000 auf 2,3 Millionen. Der Anteil der Ausländer stieg von neun Prozent 1980 auf 25 Prozent 2000. Die Zahlen zeigen, wie ineffizient der deutsche Sozialstaat seine Aufgabe als solidarischer Versicherer seiner Bürger wahrnimmt. Einem miserablen Management auf der Leistungsseite stehen auf der Kundenseite wachsende Lasten gegenüber – kein Wunder, dass das Sozialsystem im internationalen Wettbewerb unter Druck gerät.

Aus diesem Grund ist es so wichtig, dass die Bundesregierung im Rahmen ihrer Agenda 2010 die Bezugsdauer des Arbeitslosengelds verkürzt hat und die Arbeitslosenhilfe mit der Sozialhilfe zusammenlegt (Hartz IV), wenngleich dies Projekt in die Mühlen der Bürokratie geraten ist. Letztlich geht es bei Hartz IV darum, die Ansprüche des Einzelnen an die Solidargemeinschaft und umgekehrt wieder ins Lot zu bringen. Es gibt jetzt einen klaren Schnitt: Das normale Arbeitslosengeld speist sich aus Beitragszahlungen und orientiert sich am letzten Gehalt des Versicherten. Arbeitslosengeld II ist eine Leistung des Staates und wird nach Bedürftigkeit bezahlt. Die Massenproteste gegen die Sozialreform beruhen zum Teil auf Uninformiertheit, zum Teil muss man sie auch als Ausdruck eines sozialen Lernprozesses begreifen: Der Staat nimmt die Versprechen zurück, die er nicht mehr halten kann, die bisher Versorgten empören sich. Aber die

Reform ist gerecht. Im Familienleben gilt es als schlichte Selbstverständlichkeit, dass Kinder verkümmern, die von ihren Eltern nicht gefordert werden. Auch die Mitglieder einer Solidargemeinschaft verkümmern, wenn sie nur Geld bekommen und nicht gefordert werden. Die Leistungen des Sozialstaats schirmen sie von der Wirklichkeit ab, sie machen sie abhängig und begründen Sozialhilfe-Karrieren, die meist auf die nächste Generation übergreifen. Wer in der Sozialhilfe-Falle festsitzt, der kennt den Rhythmus von Arbeit und Freizeit nicht mehr, für den wird die Auseinandersetzung mit dem Sachbearbeiter im Sozialamt zum Lebensinhalt. Wer zu lange in der Sozialhilfe steckt, der verliert eine Kulturtechnik, für die der Klassiker der Nationalökonomie, Adam Smith, eine unvergleichlich treffende Formulierung gefunden hat: Es ist die Fähigkeit des Menschen, die Eigenliebe seiner Mitmenschen für sich zu nutzen, indem »er ihnen zeigt, dass es in ihrem eigenen Interesse liegt, das für ihn zu tun, was er von ihnen wünscht«. Und bei allem wird der Sozialstaat so teuer, dass die Leistungserbringung gefährdet ist.

Eine Gemeinschaftsinitiative Soziale Marktwirtschaft, finanziert von Bertelsmann-Stiftung, Heinz-Nixdorf-Stiftung und Ludwig-Erhard-Stiftung, hat im Januar 2004 einen radikalen Reformvorschlag vorgelegt. Die Autoren, darunter der Wirtschaftsweise Wolfgang Franz, wollen nicht mehr und nicht weniger, als die Arbeitslosenversicherung abschaffen. Der Arbeitsmarkt soll ein echter Markt werden; wer seinen Job verliert, bekommt Sozialhilfe, aber nach heutigen Standards nur noch den halben Satz. Dafür kann er, wenn er zu geringem Lohn arbeitet, zusätzlich auch noch den größeren Teil der Sozialhilfe behalten. Es lohnt sich danach wieder, einfache Tätigkeiten anzunehmen, der Arbeitsmarkt wird ein richtiger Markt. Mag sein, dass der Vorschlag ein wenig radikal ist, vielleicht ist er auch nicht unverändert in die Praxis umzusetzen, aber er hilft den Deutschen, ihren Sozialstaat mit anderen Augen anzusehen.

Manch einer wird fragen: Ist das denn noch sozial gerecht? Die Gegenfrage lautet: Ist es gerecht, wenn alles so weitergeht?

Von wegen Konsens

Viele, die sich Gedanken um die Reformfähigkeit Deutschlands machen, beklagen, dass hierzulande alles deshalb so langsam gehe, weil die Bundesrepublik eine »Konsensgesellschaft« sei. Entscheidungen würden hierzulande – im Gegensatz zum Beispiel zu Großbritannien – verschleppt, weil alle Parteien und Interessengruppen erst einmal gehört werden müssten. So würden Zuständigkeiten verwischt, Verantwortung delegiert und Entscheidungen vermieden.

Aber ist Deutschland wirklich eine Konsensgesellschaft? Wer dies glaubt, der sollte einmal mit Bürgern eines Landes reden, in dem es eine lange Tradition der Konsenskultur gibt, den Niederlanden etwa, einem der skandinavischen Staaten oder Island. Er wird dabei schnell feststellen, dass die Sache mit der Konsensgesellschaft ein groteskes Missverständnis ist. Gemessen an den Niederlanden, Schweden oder Island ist Deutschland eine zänkische und nölige Gesellschaft mit einem ausgeprägten Hang, sich über Nebensächlichkeiten zu zerstreiten und Entscheidungen zu blockieren, selbst wenn sie im klar erkannten Interesse des gesamten Landes liegen. Blockade und Konsens sind jedenfalls zwei völlig verschiedene Dinge.

In den Niederlanden haben sich 1982 Regierung, Arbeitgeber und Gewerkschaften im »Abkommen von Wassenaar« auf einschneidende Sozialkürzungen, die Begrenzung von Löhnen und die Förderung der Teilzeitarbeit verständigt. In Deutschland sind bisher noch alle runden Tische und andere Konsensmodelle gescheitert: von der konzertierten Aktion in den siebziger Jahren über die Kanzlerrunden Helmut Kohls bis zu Gerhard Schröders »Bündnis für Arbeit«. Sie haben die Beteiligten viel

Zeit und Energie gekostet und blieben ergebnislos oder, schlimmer noch, sie bremsten Entscheidungen in den dafür eigentlich zuständigen Gremien: Bundesregierung und Bundestag.

Das Missverständnis von Deutschland als einer Konsensgesellschaft rührt möglicherweise daher, dass viele Politiker und vor allem viele Journalisten Deutschland mit Großbritannien und den Vereinigten Staaten vergleichen, einmal weil der angelsächsische Kapitalismus in den vergangenen Jahren besonders erfolgreich war, zum anderen weil deutsche Journalisten eben besser Englisch als Holländisch oder Isländisch können und daher die *Financial Times* und das *Wall Street Journal* lesen, aber nicht das *NRC Handelsblad* aus Amsterdam oder das *Morgunbladid* aus Reykjavík. Und die politische Praxis der letzten 25 Jahre in London einerseits und in Bonn bzw. Berlin andererseits steht tatsächlich in eklatantem Gegensatz. Der britische Premierminister hat, zwischen den Wahlen, eine fast diktatorische Machtfülle, das Mehrheitswahlrecht sorgt für klare Verhältnisse im Parlament, selbst wenn eine Wahl, gemessen an den abgegebenen Stimmen, eher knapp ausgegangen ist. Und dann war die Art und Weise, wie Premierministerin Margaret Thatcher in den achtziger Jahren die Macht der Gewerkschaften brach und dem Land eine Radikalreform verordnete, ein klares Gegenstück zum deutschen Politikstil.

Aber gerade das britische Beispiel zeigt die Missverständnisse in der deutschen Debatte. Von seiner Tradition her ist Großbritannien eigentlich eine Konsensgesellschaft – trotz der Machtfülle, die der Premierminister dort schon immer hatte. Die englische Demokratie war gekennzeichnet durch klare Regeln darüber, was man zu tun hatte und was nicht. Politiker wie Edward Heath (Konservative) und Harold Wilson (Labour) vertraten in den siebziger Jahren, als die Wirtschaftslage auch im Vereinigten Königreich schwieriger wurde, explizit eine Politik des Ausgleichs streitender Interessen. Erst am Ende der siebziger Jahre wurde dieser Konsens aufgekündigt, und zwar auf beiden Seiten des politischen Spektrums. Die Gewerkschaften wurden immer militanter und sozialistischer und drohten das ganze Land zu blockieren; als Reaktion darauf setzte sich in der konservativen Partei Margaret Thatcher als radikale Rebellin gegen das gemäßigte Establishment der Partei durch. Wie sehr ihre Wahl einen Bruch in der britischen Nachkriegspolitik bedeutete, macht der Spruch eines konservativen Politikers deutlich: »Auf jede traditionelle Institution muss sie mit ihrer Handtasche eindreschen!«

In Bonn kam währenddessen keine Margaret Thatcher an die Macht, sondern Helmut Kohl, ein Mann, dessen Neigung zu kumpelhaften Abmachungen und zum »Aussitzen« von Problemen sprichwörtlich wurden. Deutschlands Probleme waren tatsächlich lange nicht so schlimm wie die Großbritanniens in den siebziger Jahren, der Sozialdemokrat Helmut Schmidt hatte die Bundesrepublik mit ökonomischem Sachverstand durch die Nachwehen der Ölkrise gesteuert und die Militanz und die Inflation der Ansprüche gebremst. Außerdem hätte der Stil der Margaret Thatcher sicher nicht zur bundesdeutschen Tradition gepasst. Vor allem aber wäre ein deutscher Thatcher mit seinen Reformplänen unweigerlich in der nächsten Sitzung des Bundesrates gescheitert. Was die Entscheidungsfindung in der Bundesrepublik behindert, ist nicht die Sehnsucht nach dem großen Konsens, sondern der deutsche Föderalismus in seiner ganz besonderen Ausprägung. Dieser Föderalismus ist heute sicher die größte Reformbremse in der Bundesrepublik.

Die Inkarnation dieses missratenen Föderalismus ist der Bundesrat, die Vertretung der Bundesländer. Früher in Bonn residierte der Bundesrat in einem Seitenflügel des Bundeshauses und man musste schon ortskundig sein, um den Eingang überhaupt zu finden. Nun ist er nach Berlin umgezogen, in das vornehme ehemalige preußische Herrenhaus. Man soll Symbole nicht überbewerten, aber bezeichnend ist dieser Wechsel schon, vor allem angesichts der Tatsache, dass parallel zum Umzug nach Berlin erstens die Länderkammer endgültig zu einer Art Nebenregierung verkommen ist und zweitens die Sitten dort deutlich verroht sind.

Eine Wegscheide in dieser Hinsicht war der 22. März 2002. An diesem Tag inszenierten SPD und Union im preußischen Herrenhaus einen regelrechten Tumult. Die Damen und Herren versuchten sich durch minutenlanges Gebrüll, Zwischenrufe und rhythmisches Klopfen auf den Tischen fertig zu machen, und zwar nur wegen einer Verfahrensfrage. Es ging um das Zuwanderungsgesetz; die SPD-geführten Länder waren dafür, die unionsgeführten dagegen, den Ausschlag gab Brandenburg, das von einer Großen Koalition regiert wurde. Ministerpräsident Manfred Stolpe (SPD) und sein Vize Jörg Schönbohm (CDU) lösten den Konflikt zwischen Koalitions- und Parteiräson, indem sie mit dem Grundgesetz spielten. Wohl wissend, dass Bundesländer im Bundesrat nur einheitlich stimmen können, sagte Stolpe Ja und Schönbohm Nein, was den amtierenden Bundesratspräsidenten, Berlins Regierenden Bürgermeister Klaus Wowereit, dazu zwang, das eigentlich nicht zulässige Votum zu deuten, was er auch tat: Er beschloss, dass es auf die Stimme des Ministerpräsidenten ankomme und nicht auf die seines Stellvertreters, weshalb das Zuwanderungsgesetz beschlossen sei – eine Entscheidung, die das Bundesverfassungsgericht am 18. Dezember 2002 kassierte – nach der Bundestagswahl. Es dauerte mehr als zwei Jahre, bis die Parteien dann doch noch eine Grundsatzeinigung über das Gesetz trafen und es im Juli 2004 schließlich beschlossen werden konnte. Zwei Jahre, in denen sich die Welt um Deutschland herum in rasendem Tempo weiter verändert hat.

Insgesamt war das Schmierentheater ein Lehrstück an politischer Blockade und ein Beleg dafür, dass Deutschland eben *keine* Konsenskultur hat – die Meinungsunterschiede der Parteien zum Zuwanderungsgesetz waren in Wirklichkeit minimal. Und die Wutausbrüche von Hessens Ministerpräsident Roland Koch im Bundesrat waren, wie man hinterher erfuhr, alles andere als spontan, sondern wohl kalkuliert. Wenn man so will, hat Deutschland eine ausgesprochene Zankkultur. Am 22. März 2002 wurde überdeutlich, was man auch schon früher hätte wissen können: Der Bundesrat als Blockadeinstrument der Bundespolitik ist längst zu einem Risiko für die Wirtschaft geworden, mindestens seit die SPD 1998 auf dem Umweg über die Länderkammer eine wichtige Steuerreform verhindert hat. Früher waren die Defekte in der Organisation des deutschen Föderalismus nur ärgerlich, je weiter jedoch die europäische Integration voranschreitet, je intensiver der Wettbewerb der Produktions- und Investitionsstandorte wird, desto bedrohlicher werden sie. Transparenz ist eine Voraussetzung für funktionierende Demokratie – wie sollen die Bürger über die Politik einer Regierung abstimmen, wenn sie gar nicht mehr überblicken können, was diese entschieden hat? Und die Geschwindigkeit von Entscheidungen ist ein wesentlicher Faktor im internationalen Wettbewerb.

Die Debatten in der Länderkammer haben kaum noch etwas mit Länderinteressen zu tun, wie der Eklat seinerzeit gezeigt hat: Deutschland hat ein großes Interesse daran, zu klären, wie es mit der Einwanderung weitergeht, und es ist die Aufgabe der gewählten Bundesregierung, dieses Interesse in ein Gesetz zu gießen. Dagegen gibt es weder ein brandenburgisches noch ein bayerisches Sonderinteresse an dem Thema, wohl aber Interessen der Parteien. Weil der Föderalismus deformiert ist, tut die Bundes-Opposition so, als sei ihr Interesse mit dem der Bundesländer identisch, was man ihr gar nicht vorwerfen kann. Die Bundesregierung versucht im Gegenzug, im Bundesrat Stimmen zu kaufen, was die Väter des Grundgesetzes explizit verhindern wollten. Gerhard Schröder ist ein Meister in diesem Fach, aber auch sein Vorgänger Helmut Kohl leistete hier Beachtliches; zu den besonders Begünstigten des Stimmenkaufs gehörte ironischerweise bei beiden Kanzlern das Land Brandenburg.

Die Defekte im Föderalismus hat die Bundesrepublik als Erblast bei ihrer Gründung mit auf den Weg bekommen. Die Väter und Mütter des Grundgesetzes haben sich im Grunde um die Entscheidung herumgemogelt, wie zentral oder dezentral der neue Staat Bundesrepublik sein sollte. Die Sozialdemokraten waren eher zentralistisch eingestellt, die Bayern strebten eine lose Föderation an und die Alliierten wollten vor allem verhindern, dass noch einmal ein militaristischer deutscher Zentralstaat die Völker Europas bedrohen könnte; sie achteten daher darauf, dass die Zentralgewalt schwach blieb.

Aus alledem erwuchs eine Reihe von Widersprüchen: Einerseits betont Artikel 30 des Grundgesetzes die Staatlichkeit der Bundesländer. »Die Ausübung der staatlichen Befugnisse und die Erfüllung der staatlichen Aufgaben ist Sache der Länder, soweit dieses Grundgesetz keine andere Regelung trifft oder zulässt.« Der Bund hat zum Beispiel, anders als das Reich nach der Weimarer Verfassung, außer dem Zoll keine eigene Finanzverwaltung; alle Finanzämter sind Landesbehörden. Andererseits dürfen die Länder, von einigen Bagatellabgaben abgesehen, keine eigenen Steuern erheben. Zwar steht ihnen zum Beispiel das Aufkommen aus der Kfz-Steuer zu, diese wird jedoch auf Grundlage eines Bundesgesetzes erhoben, auf die Höhe haben die Länder keinen Einfluss.

Ausdruck dieser Widersprüche ist auch die Konstruktion des Bundesrates. Schon während des Verfassungskonventes 1948 rangen die Vertreter der deutschen Länder auf der Insel Herrenchiemsee um die richtige Form, in der die Länder künftig an der Bundespolitik mitwirken sollten. Die einen wollten einen vom Volk gewählten Senat, ähnlich der gleichnamigen Kammer im amerikanischen Kongress oder dem schweizerischen Ständerat, die anderen dachten an das »Staatenhaus«, wie es der Verfassungsentwurf der Frankfurter Paulskirche von 1848 vorgesehen hatte, oder eben den »Reichsrat« des Kaiserreiches und der Weimarer Republik. Schließlich setzte sich die zweite Gruppe durch, unter anderem mit dem Argument, dass eine Kammer, die sich aus Regierungsvertretern zusammensetzt, nicht so sehr dem Parteienstreit anheim fallen würde wie eine gewählte Kammer – ein verhängnisvoller Irrtum, wie sich zeigen sollte. Letztlich wurde mit dem Bundesrat ein Instrument des Misstrauens in das

Grundgesetz eingebaut, wie es ein Publizist in den sechziger Jahren einmal formulierte. Das Misstrauen galt dem Bund und es wurde so institutionalisiert, dass es sich gar nicht produktiv auflösen konnte.

In den sechziger Jahren, als die Republik in die Pubertät kam, versuchte man, diese Mängel des Grundgesetzes zu beheben. Eine Gruppe von fünf Experten (Troeger-Kommission) legte 1966 den Entwurf für eine große Finanzreform vor. Darin heißt es: »Leitidee ist der kooperative Föderalismus, der die gewünschte Vielfalt mit der notwendigen Einheit der bundesstaatlichen Kräfte zum Wohle des Ganzen und seiner Teile verbindet.« Denn »das ungeordnete Nebeneinander öffentlicher Aufgabenerfüllung durch mehrere Träger begünstigt eine unwirtschaftliche Ausgabengebarung und gefährdet das Gefüge der bundesstaatlichen Ordnung«. Die Große Koalition von CDU/CSU und SPD unter Bundeskanzler Kurt Georg Kiesinger setzte 1969 die Vorschläge der Kommission mehr oder weniger detailgetreu um – damit wurde aus dem ungeordneten Miteinander erst ein verordnetes Durcheinander und dann die Blockade, die den Standort Deutschland gefährdet.

Die Finanzströme zwischen Bund, Ländern und Gemeinden sind so eng verflochten, dass bei fast allen wichtigen Entscheidungen alle aufeinander angewiesen sind und niemand mehr für sich selbst die Verantwortung übernehmen kann. Es gibt Gemeinschaftsaufgaben von Bund und Ländern, etwa bei der Krankenhausfinanzierung, im Hochschulbau und beim Aufbau Ost, der Bund zahlt den Ländern Zuschüsse auch ohne besondere Zweckbindung, ein Finanzausgleich zwischen den Ländern soll deren Finanzkraft nivellieren. Bremen und das Saarland wären pleite, würden sie nicht vom Bund ausgehalten. Die Bundeshauptstadt Berlin strebt ebensolche Hilfen an.

Dabei hat sich die Macht von den Bürgern weg verschoben. Die Landtage haben kaum noch etwas zu sagen, weil die Länder nichts zu gestalten haben. Weil sie gleichzeitig immer mehr von der Politik des Bundes tangiert werden, hat der Bundesrat, in dem die Landesregierungen vertreten sind, immer mehr mitzureden. In den Anfangsjahren der Republik waren zehn Prozent der Bundesgesetze zustimmungspflichtig, heute sind es sechzig Prozent. Dabei sagen diese Zahlen noch nicht die ganze Wahrheit. In der Logik des Systems liegt es, dass die Parteien Pakete schnüren, um zustimmungspflichtige Gesetze durch den Bundesrat zu bringen. In diese Pakete kommen dann auch solche Dinge hinein, für die die Länder gar nicht zuständig sind.

Die gewählten Vertreter in Bund *und* den Ländern sind in ihrem Gestaltungsspielraum beschnitten, Gesetze werden im Vermittlungsausschuss und in Kommissionen ausgekungelt und das ganze Gesetzesverfahren wird so kompliziert, dass die Bürger sich mit Grausen abwenden. Ob die Kompromisse, etwa zur Zuwanderung oder zur Gesundheitsreform, überhaupt noch schlüssig sind, weiß am Ende niemand mehr. Überdies kostet das ganze Verfahren sehr viel Zeit. Politik ist den Bürgern nicht mehr zu vermitteln. Selbst informierte und politisch interessierte Menschen können nicht mehr nachvollziehen, welches Projekt gerade in welcher Arbeitsgruppe in welchem Stadium ist. Niemand blickt mehr durch – auch das ist eine wirksame Reformblockade.

Das Misstrauen gegen die Zentralgewalt ist aus der deutschen Geschichte heraus verständlich, aber so wie es heute praktiziert wird und institutionalisiert ist, behindert es den Staat selbst bei den Aufgaben, für die eigentlich die Länder allein zuständig sind. Das zeigt sich in der Schul- und Hochschulpolitik und zunehmend auch in Fragen der inneren Sicherheit. Verbrecher entkommen und extremistische Ausländer können nicht abgeschoben werden – nicht, weil die entsprechenden Gesetze nicht da wären, sondern weil Polizei, Bundes- und Landesverfassungsschutz, Bundesnachrichtendienst, Bundeskriminalamt und Ausländerämter nicht richtig kooperieren und ihre Informationen austauschen können.

Am empfindlichsten zeigt sich die Krise des Föderalismus

ganz unten im Gefüge, in den Städten und Gemeinden. Wer mit offenen Augen durch die Großstädte zum Beispiel in Nordrhein-Westfalen geht, der nimmt die Anzeichen des Verfalls wahr. Der Zustand der Straßen wird schlechter, öffentliche Gebäude verfallen, Einrichtungen werden geschlossen. 2002 waren viele Großstädte wegen des Einbruchs der Gewerbesteuer praktisch zahlungsunfähig. Zwischen 1980 und 2002 halbierte sich in den alten Bundesländern die Investitionsquote in den Kommunalhaushalten, also der Anteil der Sachinvestitionen an den Gesamtausgaben von 30,4 auf 14,5 Prozent. Parallel dazu stieg der Anteil sozialer Leistungen von 11,8 auf 19,9 Prozent. In den neuen Ländern sank die Investitionsquote von 29,9 Prozent (1991) auf 19,0 Prozent (2002), der Anteil der Sozialausgaben stieg von 4,5 auf 15,6 Prozent.

Diese Zahlen spiegeln die allgemeine Wachstumsschwäche und die Belastung Deutschlands durch die Kosten der Einheit und den überzogenen Sozialstaat wider. In diesem Zusammenhang ist entscheidend, dass die Stadtparlamente fast keine Möglichkeit haben, eigenverantwortlich ihre Lage zu verbessern. Auf der Einnahmenseite hängen sie von der Steuerpolitik des Bundes ab, auf der Ausgabenseite sind sie Opfer von Bundes- und Landesgesetzen. Die kommunale Finanzautonomie gibt es in der Praxis nicht mehr.

Die Demokratie hat in Deutschland ihre Wurzeln in den Städten und Gemeinden, in der Tradition der freien Reichsstädte, in der preußischen Kommunalreform unter dem Freiherrn vom Stein, in der süddeutschen Tradition der Gemeindeselbstverwaltung. Deshalb ist die Krise der Kommunen auch eine Krise der Demokratie. Das Elend der Städte und Gemeinden begann aber schon Anfang der siebziger Jahre. Damals setzten Landesregierungen überall in der Bundesrepublik Gemeinde- und Kreisreformen durch. Das erklärte Ziel war eine Stärkung der Gemeinden, aber das wurde nur administrativ-bürokratisch verstanden. Größere Kommunen sollten bessere Leistungen für ihre Bürger erbringen, bessere Kläranlagen bauen, besser und großzügiger planen können. Große Städte vergrößerten sich, indem sie kleinere Umlandgemeinden schluckten, Tausende von Dörfern verloren ihre Unabhängigkeit, monströse Kunststädte entstanden aus verschiedenen Städten und Dörfern: Albstadt, Filderstadt, Villingen-Schwenningen. Ein besonders absurdes Konstrukt, die Fusion der Städte Gießen und Wetzlar zu »Lahn«, wurde aufgrund des Protests der Bürger wieder aufgelöst.

Aus heutiger Sicht machen sich die Gemeindereformen der siebziger Jahre wie die Ausgeburt sozialistischen Planungswahns aus; tatsächlich haben sie alle damals tragenden Parteien, CDU, CSU, SPD und FDP, in unterschiedlichen Koalitionen umgesetzt, meist gegen den erklärten Willen der Betroffenen. Die ökonomische Bilanz dieser Reformen ist schwer zu ziehen, sicher hat sich manche Fusion bewährt, vieles hing von den lokalen Verhältnissen ab. Es bleibt die Tatsache, dass vielen Bürgern damals jene identitätsstiftende Einheit genommen wurde, das Dorf, die Marktgemeinde, in der die Demokratie wachsen sollte. Der sozialpsychologische Schaden, der damals angerichtet wurde, sollte nicht unterschätzt werden.

Die Therapie ist so klar wie die Diagnose: Eine grundlegende Reform des Föderalismus ist fällig. Der Bundesrat muss künftig wieder die Interessen der Länder vertreten – und sonst nichts. Zu diesem Zweck sollte die Zahl der zustimmungspflichtigen Gesetze drastisch sinken; das geht nur, wenn die Finanzen zwischen Bund und Ländern entwirrt werden. Die Bundestagsmehrheit muss Gesetze, die den Bund betreffen, beschließen können, ohne die Obstruktion des Bundesrates fürchten zu müssen. Die Länder brauchen wirkliche Finanzautonomie. Heute steht der Macht des Bundesrates zur Obstruktion eine weitgehende Machtlosigkeit der Landtage gegenüber. Sie haben kaum Gestaltungsspielraum, was durch den Finanzausgleich zwischen armen und reichen Ländern noch verschlimmert wird.

Im Idealfall sollten sowohl Länder als auch Gemeinden in eigener Verantwortung Steuern erheben und festsetzen können, der Finanzausgleich und die Gemeinschaftsaufgaben von Bund

und Ländern müssten auf ein Minimum abgebaut werden. An die Stelle des Theater-Föderalismus würde so ein Wettbewerbsföderalismus treten. Das Problem ist, wenigstens was die Kommunen angeht, erkannt, bezeichnend jedoch, dass im bisherigen institutionellen Rahmen eine Lösung nicht in Sicht ist. Eine Kommission zur Reform der Gemeindefinanzen ist praktisch gescheitert. Unter anderem auch, weil die Vertreter der Kommunen nicht den Mut hatten zu einer radikalen Lösung ihrer Probleme: Verzicht auf die Gewerbesteuer und deren Ersatz durch eine Steuer, die Städte und Gemeinden in eigener Verantwortung von den Bürgern erheben, einen Aufschlag auf die Einkommensteuer.

Die Reform des Föderalismus ist eines der dringendsten Projekte, da er in seiner jetzigen Form eine der wichtigsten Reformblockaden ist. Paradoxerweise müsste Deutschland in dieser Situation wirklich Konsensfähigkeit beweisen: Die großen Parteien müssten sich zusammenschließen zu einer Ad-hoc-Koalition mit dem einzigen Ziel: einer großen Finanzreform im Bundesstaat. In einem Idealmodell würde man sich wohl auch eine Neugliederung des Bundesgebietes wünschen mit weniger und dafür leistungsfähigen Bundesländern, außerdem die Abschaffung des Bundesrates und dessen Ersetzung durch einen gewählten Senat. Aber bei dieser Reform kommt es weniger auf Perfektion als auf Tempo an. Deshalb sollten die Parteien sich auf die Entflechtung der Finanzen im Bundesstaat konzentrieren. Ein viel versprechendes Modell wäre es zum Beispiel, die Einkommensteuer in drei Teile aufzuteilen, einen für den Bund, einen für die Länder und einen für die Kommunen. Die bisherige Gewerbesteuer würde abgeschafft. Dann wäre unter Umständen die Einkommensteuer in München tatsächlich höher als in Berlin oder Hamburg, es gäbe offenen Wettbewerb zwischen den Städten, einen Wettbewerb, den jeder nachvollziehen könnte. Voraussetzung dieses Modells ist es, dass die Politiker sich trauen, die Bürger als Steuerzahler ernst zu nehmen und sich ihrer Verantwortung zu stellen.

Bisher sieht es nicht so aus, dass dies einmal möglich sein wird. Die in Berlin tagende Föderalismus-Kommission hat nur minimale Ergebnisse gebracht und ist damit praktisch gescheitert. Das einzig wirklich konkrete Ergebnis war der Vorschlag, Berlin als Bundeshauptstadt im Grundgesetz festzuschreiben. Als ob es darauf ankäme.

Da von einer solchen Reform alle möglichen Besitzstände angegriffen würden, könnte sie tatsächlich nur im Konsens beschlossen werden. Die deutschen Politiker müssten also ein Talent erwerben, von dem sie fälschlicherweise glauben, dass sie es bereits hätten und dies als Last empfinden. Man kann sich dabei aber trösten, dass es in Teilbereichen von Wirtschaft und Gesellschaft auch Beispiele eines funktionierenden Konsenses gibt. Ein Beispiel dafür ist die Berufsausbildung. Die duale Ausbildung der Lehrlinge in Betrieb und Berufsschule ist eine der wenigen verbliebenen Stärken des deutschen Wirtschaftsstandorts. Sie funktioniert, indem viele über ihr eigenes betriebswirtschaftliches Interesse hinaus ausbilden, indem sich sehr viele Meister, Facharbeiter und Unternehmer freiwillig engagieren, aus reinem Idealismus, weil sie die betroffenen jungen Leute kennen oder weil sie sich ihrer eigenen Lehrzeit erinnern. Hier zeigt sich das klassische Muster einer Entscheidung im Konsens: Alle Beteiligten verhalten sich kooperativ, weil sie darauf vertrauen, dass der andere das auch tut.

Dieses Modell müsste erneuert werden, neue Berufsbilder müssten schneller in die Praxis kommen, überholte Berufsbilder abgeschafft werden. Aber es wäre eine Katastrophe, würde man das Modell in Frage stellen. Was der Fall wäre, wenn die Bundesregierung tatsächlich eine Ausbildungsabgabe in Kraft setzen sollte. Das entsprechende Gesetz war schon ein tragischer Irrtum, der daher rührt, dass wir in Deutschland so wenig Konsenskultur besitzen, dass die Politiker nicht einmal die Fälle wahrnehmen, wo es sie gibt. Käme es zur Ausbildungsabgabe (sie ist durch den »Ausbildungspakt« zwischen Wirtschaftsverbänden und Regierung erst einmal vertagt), dann erhielten die Betriebe einen Anreiz, sich von der Aufgabe der Ausbildung freizukaufen, der Staat hätte eine neue Verantwortung übernommen und müsste eine neue Bürokratie aufbauen. Und warum? Weil die SPD-Basis in der zänkischen deutschen Gesellschaft irgendeine Bestrafung der Unternehmer fordert zum Ausgleich all der sozialen Einschnitte, die den eigenen Leuten zugemutet werden.

Standort Deutschland

Zu den erfolgreichsten Organisationen der letzten Jahre gehört Attac. Die globalisierungskritische Allianz, die ihre Wurzeln in Frankreich hat, wurde zum Sammelbecken der versprengten Linken, die von den Grünen und der SPD enttäuscht sind, von entwicklungs- und umweltpolitischen Gruppen und von engagierten Menschen aus dem Umfeld der Kirchen. Seit die Gewerkschaften aktiv gegen die Sozialreformen der Bundesregierung kämpfen, suchen die jungen Leute von Attac auch den Schulterschluss mit den traditionellen Arbeitnehmerorganisationen. In der Erklärung von Attac, die am 26. Mai 2002 in Frankfurt beschlossen wurde, findet sich eine Bestandsaufnahme der Globalisierung. Darin heißt es unter anderem, die »soziale Kluft« zwischen Nord und Süd sei durch die Globalisierung größer geworden, die Armut kehre in die Industrieländer zurück, »sexistische und strukturelle Gewalt« habe zugenommen. Und dann findet sich ein Satz, der in der öffentlichen Debatte um Globalisierung eine besondere Rolle spielt: »Demokratie wird untergraben, weil Global Players mit der Drohung, den ›Standort‹ zu wechseln, zunehmend die Politik diktieren.«

Vermutlich ist es genau dieser Aspekt an dem zunehmenden Wettbewerb in der Welt, der den Menschen Angst macht, dass die anonymen Kräfte des Marktes den Staat entmachten und so die Menschen schutzlos machen. Die Leute von Attac unterstreichen dies, indem sie für die wanderungswilligen Unternehmen den englischen Begriff Global Players verwenden, obwohl doch auch jeder mittelständische Unternehmer in diesem Sinne Druck auf die Politik ausübt, weil die ausländische Konkurrenz wiederum ihn in Bedrängnis bringt. Angst führt leicht zu Verschwörungstheorien. Jeder Mensch hat ein natürliches Bedürfnis nach Sicherheit und Geborgenheit, er möchte Einfluss auf seine Umwelt haben. Tatsächlich ist der moderne Staat im ausgehenden 19. Jahrhundert entstanden, um diese Schutzfunktion zu übernehmen, seine Bürger vor den zerstörerischen Kräften der Globalisierung zu bewahren. Im Deutschen Reich war dies nach 1890 explizit so, als der Kaiser einerseits die ostelbischen Junker durch Agrarzölle vor der Konkurrenz schützte und gleichzeitig für die Arbeiter ein rudimentäres Versicherungssystem aufbaute. Doch die Maßnahmen reichten nicht aus, das übersteigerte Schutzbestreben führte in den Ersten Weltkrieg, die Weltwirtschaftskrise und den Nationalsozialismus. Eine Konsequenz aus den Katastrophen in der ersten Hälfte des 20. Jahrhunderts war der Prozess der Globalisierung in der zweiten Hälfte.

Aber ist der Staat damit überflüssig geworden? Offensichtlich nicht. Staaten gibt es wie eh und je, und nach allem, was man heute weiß, wird es sie auch in Zukunft geben. Im Gegenteil: Zur Befreiung vom Kommunismus gehörte eine neue Selbstbesinnung der Nationen. Und schließlich bedeutete die deutsche Einheit ja zunächst einmal, dass ein historischer Anspruch der Deutschen, in einem Staat zu leben, eingelöst wurde. Insofern ist es weltfremd, im Zusammenhang mit der Globalisierung davon zu sprechen, dass die Politik »abdankt«. Nur weil eine bestimmte Form der Politik nicht mehr funktioniert, bedeutet das ja noch nicht, dass jegliche Politik scheitern muss.

Man kann sich die Dinge klarer machen, wenn man sich den Staat als eine Firma denkt, eine Firma, die alle Bürger gemeinsam gegründet haben, um bestimmte Güter zu produzieren, die jeder für sich nicht produzieren könnte. Die Bürger sind also gleichzeitig Eigentümer und Kunden dieser Firma; und viele sind auch noch deren Mitarbeiter. Natürlich wollen die Bürger von ihrem Staat weiterhin Schutz haben: Der Staat soll innere und äußere Sicherheit garantieren und Leib, Leben, Gesundheit und Eigentum seiner Bürger schützen. Er soll dafür sorgen, dass jeder Einzelne in Streitfragen zu seinem Recht kommt, er soll den Rechtsfrieden sichern. Dann ist jeder Staat eine Solidargemeinschaft, wenngleich viele Bürger in Deutschland das Gefühl haben, es gehe nicht mehr gerecht im Lande zu. Schon allein die Tatsache, dass der Staat eine progressive Einkommensteuer erhebt, dass er versucht, die Bürger nach Leistungsfähigkeit zu den gemeinsamen Aufgaben heranzuziehen, zeigt, dass das solidarische Element im Staat nach wie vor besteht.

Im internationalen Wettbewerb hingegen soll der Staat die Bürger nicht schützen, denn wer im Wettbewerb geschützt wird, droht irgendwann dessen Opfer zu werden. Es kommt darauf an, den Bürgern den Freiraum zu geben, ihr Leben zu leben und ihre Chancen wahrzunehmen. Und sie dort zu unterstützen, wo sie aus eigener Kraft nicht weiterkommen. Es ist das alte Modell der Sozialen Marktwirtschaft: Der Staat hat dafür zu sorgen, dass die Wettbewerbsordnung funktioniert, dass niemandem der Zugang zu den Märkten verwehrt wird. Und er ist für die großen Risiken zuständig, mit deren Bewältigung der Einzelne überfordert wäre.

Die globale Wirtschaft bietet in mancher Hinsicht unzählige neue Möglichkeiten. Das gilt ganz offensichtlich für die Besitzer von Kapital: Die Formen und Instrumente der Kapitalanlage haben sich vervielfacht. Vor allem kann ein Anleger sein Geld aus einem Land, in dem es ihm nicht mehr gefällt, herausbringen, ohne dass irgendeine Regierung ihn daran hindern könnte. Insofern hat sich der Zugriff der Regierung auf die einzelnen Bürger verringert. Aber ist das ein Verlust von Freiheit und Demokratie?

Die größere Freiheit gilt aber auch für den Faktor Arbeit. Arbeitskräfte können sich den Standort aussuchen, an dem es ihnen am besten gefällt, wo sie den höchsten Lohn bekommen und wo es ihnen und ihren Familien am besten geht. Die Migration von Arbeitskräften ist heute ein Stück Normalität. Die Franzosen freuen sich über ihre Fußballmannschaft, die zum größeren Teil aus Einwanderern besteht, die Vereinigten Staaten über die

Einwanderer aus Asien, die die New Economy in Kalifornien angetrieben haben. In Deutschland neigt man immer noch dazu, Immigranten als »Wirtschaftsflüchtlinge« zu betrachten, was auf doppelte Weise diskriminierend ist: Die Formulierung stellt die Menschen als Opfer dar und es gibt ihrem Tun etwas Anrüchiges. Beides ist falsch. Die Immigranten sind einfach Menschen, die ihr Glück suchen.

Nun haben die meisten Menschen auf der Welt nicht genügend Geld, um es in riskanten Operationen rund um den Erdball zu schicken und auf diese Weise von der Globalisierung zu profitieren. Die meisten werden auch keine Neigung verspüren, in andere Länder zu ziehen, um dort ihr Glück zu machen. Sie sind immobil, weil sie kaum Alternativen haben, für die sie sich entscheiden könnten, weil sie ihrer Familie einen Umzug nicht zumuten wollen oder weil sie ganz einfach ihre Heimat lieben. Diese Menschen machen in einem normalen Gemeinwesen die übergroße Mehrheit der Bevölkerung aus. Ein Staat ist dann ein guter Staat, wenn er dafür sorgt, dass diese ihre Talente in den Wettbewerb einbringen und nach ihrer Façon leben können, durch eine gute Infrastruktur, Schulen, Hochschulen, ein effektives soziales Netz. Und wenn er gleichzeitig den Standort attraktiv macht für mobile Produktionsfaktoren: Kapital und hoch qualifizierte Arbeit, die das Wachstum vorantreiben und so auch die Arbeitsplätze der weniger mobilen Menschen sicherer machen. Für die Aufgabe des Staates lässt sich hier ein Begriff aus der amerikanischen Politik übertragen: *empowerment*. Ursprünglich ist damit gemeint, dass eine Gesetzesvorschrift strafbewehrt wird, im übertragenen Sinn ist er zu einem zentralen Begriff der Sozialpolitik geworden: Die Menschen werden mit Kraft ausgestattet, um ihre Angelegenheiten selbst zu regeln, um sich selbst zu führen.

Mit Steuern steuern

Jeder Staat der Welt muss, um seine Aufgaben erfüllen zu können, Steuern und Abgaben per Zwang erheben. Dabei greift er notwendigerweise in die wirtschaftlichen Entscheidungen der Bürger ein und verzerrt diese auch. Erhebt er eine Steuer auf den Umsatz (Mehrwertsteuer), dann wird der Konsum im Verhältnis zum Sparen verteuert, erhebt er eine Lohnsteuer, wird der Faktor Arbeit belastet. Die Qualität eines Steuer- und Abgabensystems zeigt sich darin, dass es dem Staat möglichst hohe Einnahmen bei möglichst geringer Störung der Wirtschaft bringt. Steuern sollen allgemein sein (es darf keine Privilegien geben), sie müssen verhältnismäßig sein (man darf niemanden kaputtbesteuern), sie müssen gleichmäßig sein (gleiche Tatbestände müssen gleich besteuert werden) und sie müssen ergiebig sein (der ganze Aufwand der Steuererhebung muss sich auch lohnen). Nach diesen Kriterien ist das deutsche Steuer- und Abgabensystem in einem katastrophalen Zustand.

Der frühere Bundesfinanzminister Theo Waigel (CSU) erzählte gelegentlich eine schöne Anekdote zum Umgang der Deutschen mit Steuern. Waigels Vater, ein rechtschaffener schwäbischer Bauer, pflegte gegenüber jedermann zu klagen: »D'Stuira machet ons hieh!« Sohn Theo nahm diese Klage sehr ernst – so lange bis er herausfand, dass sein Vater überhaupt keine Steuern zahlte. Diese alte Geschichte könnte sich auch heute noch so ereignen. Alle Deutschen klagen über die Steuern, Unternehmer, Arbeitnehmer, Selbstständige; Steuersparen ist zum Volkssport geworden, Steuerhinterziehung gilt als Kavaliersdelikt. Der Münchner Chip-Hersteller Infineon erwog den Umzug nach Zürich – um Steuern zu sparen, der Molkerei-Besitzer Theo Müller will ebenfalls in die Schweiz umziehen – um Erbschaftsteuer zu sparen, wenn er die Firma einmal seinen Kindern übergibt.

Wer die Statistik betrachtet, der stellt zu seiner Verblüffung fest: Deutschland hat gar keine so hohen Steuern, ganz im Gegenteil. Im internationalen Vergleich ist Deutschland ein Niedrigsteuerland. Die volkswirtschaftliche Steuerquote, also der Anteil der Steuern am gesamten Bruttoinlandsprodukt, lag in Deutschland im Jahr 2003 bei rund 23 Prozent. Dagegen kam Österreich auf 29,9 Prozent, Frankreich auf 28,0 Prozent, Großbritannien auf 30,5 Prozent. Sogar das als Steuerparadies gelobte Irland liegt deutlich höher, nämlich bei 26,1 Prozent. Wie kommt es, dass Unternehmer ein Land mit einer so niedrigen Steuerquote überhaupt fliehen?

Um das Problem zu verstehen, muss man ein wenig genauer hinsehen. Zum Beispiel auf die Steuer- und *Abgabenquote*. Diese Zahl berücksichtigt, dass Deutschland mit rund 18,5 Prozent vom Bruttoinlandsprodukt (BIP) einen internationalen Rekord bei den Sozialbeiträgen hält. Insgesamt lag die Steuer- und Abgabenquote nach einer Übersicht der Bundesbank im Jahr 2001 bei 42,1 Prozent. Das ist erheblich mehr als in den Vereinigten Staaten (28,7 Prozent), in Irland (30,1 Prozent), in Großbritannien (38,7 Prozent) oder den Niederlanden (40,7 Prozent), aber immer noch weniger als zum Beispiel in Frankreich (46,6 Prozent), in Österreich (47,9 Prozent) oder gar Schweden (54,3 Prozent). Nach diesen Zahlen hält Deutschland also einen Mittelplatz, was nicht berauschend, aber noch vertretbar zu sein scheint.

Das eigentliche Problem liegt in der so genannten »Grenzbelastung« der Arbeit, also in den Steuern und Abgaben, die man an den Fiskus zu entrichten hat, wenn das Einkommen steigt. Ein lediger Arbeitnehmer in Westdeutschland musste im Jahr 2003 von einem zusätzlich verdienten Euro fast 64 Cent ans Finanzamt bezahlen; das sind umgerechnet 11 Cent mehr als 1990, vor der Vereinigung der Bundesrepublik mit der DDR. Dies ist – für Ledige – einer der höchsten Werte unter den Industrieländern (die Zahlen lassen sich nicht genau vergleichen, weil unterschiedliche Dinge in die Belastung hineingerechnet werden). Für einen verheirateten Arbeitnehmer mit zwei Kindern sieht das Bild (wegen des deutschen Kindergelds) ein wenig freundlicher aus; aber auch für Familien ist die Grenzbelastung in der Schweiz, den Vereinigten Staaten, in Großbritannien und anderen Industriestaaten wesentlich niedriger.

Wegen dieser widersprüchlichen Zahlen reden die Deutschen beim Thema Steuern gerne aneinander vorbei. Die einen, Unternehmer und FDP, verweisen auf die Grenzabgabenquote und fordern Steuersenkungen, die anderen, vor allem die Gewerkschaften, aber auch von Finanznöten geplagte Bürgermeister, widersprechen: Bei einer so niedrigen Steuerquote könne man nicht noch weiter herunter, ohne den Staat arm zu machen. Beide Seiten haben aus ihrer Sicht Recht, volkswirtschaftlich gesehen liegen sie daneben. Weder gibt es angesichts des Zustands der Staatsfinanzen auf absehbare Zeit eine Chance, die Steuerlast insgesamt zu senken, noch kann die Grenzbelastung der Arbeit so bleiben, wie sie heute ist, wenn die Beschäftigungskrise gelöst werden soll.

Des Rätsels Lösung liegt darin, dass das deutsche Steuer- und Abgabensystem extrem ungerecht und lückenhaft ist. Viel zu viele Menschen zahlen, ganz legal, wenig oder gar keine Steuern, während die übrigen umso mehr zu tragen haben. Und das führt dann zu dem Gefühl: »Der Ehrliche ist der Dumme«, ein Buchtitel, der zu Recht berühmt geworden ist. Es gibt viel zu viele Ausnahmen, Steuersubventionen und legale Schlupflöcher. Das hat das Steuerrecht unentwirrbar gemacht und die Bürger dazu verleitet, viele Dinge, auch unsinnige, nur deshalb zu tun, um Steuern zu sparen.

Das Problem der Sozialabgaben kommt in der volkswirtschaftlichen Abgabenquote nur unzureichend zum Ausdruck. Die Pflichtbeiträge zur Renten-, Kranken-, Arbeitslosen- und Pflegeversicherung zahlen ja nicht alle Bürger, sondern nur die versicherungspflichtigen Arbeitnehmer, also die Masse der

Durchschnittsverdiener. Und die sind sich oft gar nicht darüber im Klaren, wie hoch sie tatsächlich belastet sind, weil sie glauben, der Arbeitgeber zahle ja die Hälfte der Beiträge. Tatsächlich müssen natürlich die Arbeitgeberbeiträge zur Belastung der Arbeitnehmer hinzugerechnet werden. Sie sind Teil der Personalkosten; gäbe es sie nicht, könnte der Arbeitgeber entsprechend höhere Barlöhne zahlen. Der Arbeitgeberbeitrag ist daher theoretisch entgangener Lohn.

Die Beitragssätze sind in Westdeutschland von 36 Prozent der versicherungspflichtigen Einkommen 1989 auf 42 Prozent im Jahr 2003 gestiegen. Darin zeigen sich die ersten Auswirkungen der demographischen Veränderungen: Der Durchschnitt der Deutschen wird langsam älter. Vor allem ist dieser Anstieg eine Konsequenz der deutschen Einheit. Das westdeutsche Rentensystem wurde unverändert auf die damalige DDR übertragen, in der Folge haben die dortigen Rentner, weil viele von ihnen sehr lange gearbeitet haben, sehr hohe Rentenansprüche; teilweise liegen sie über dem westdeutschen Niveau. Die deutsche Einheit hat damit eine verhängnisvolle Spirale in Gang gesetzt, die im deutschen Sozialsystem ohnehin angelegt ist: Hohe Abgaben mindern die Wettbewerbsfähigkeit der Arbeitnehmer, die Arbeitslosigkeit steigt, die Abgaben steigen weiter. Für Arbeitnehmer mit geringem Verdienst sinkt der Abstand zur Sozialhilfe, entsprechend steigt der Anreiz, erst gar keine Arbeit aufzunehmen, sondern im System der staatlichen Fürsorge zu bleiben, was die Ausgaben des Staates weiter steigen lässt.

Dabei wird die Bilanz ohnehin geschönt. Denn die rot-grüne Bundesregierung hat den Anstieg der Sozialbeiträge dadurch gebremst, dass sie immer mehr Geld aus dem Bundeshaushalt in die Rentenversicherung überwiesen hat. Die entsprechenden Einnahmen kamen aus der Ökosteuer, die dazu geführt hat, dass der Benzinpreis in Deutschland heute einer der höchsten in Europa ist. Außerdem wurden die Haushalte stillschweigend umgeschichtet: Heute machen die Sozialausgaben 57 Prozent des gesamten Budgets aus, Mitte der achtziger Jahre waren es noch

48 Prozent. Entsprechend ging der Anteil der Investitionen von rund sechs auf etwa drei Prozent zurück – und dies in einer Zeit, in der für den Aufbau in Ostdeutschland eigentlich mehr investiert hätte werden müssen. Berücksichtigt man die in der volkswirtschaftlichen Gesamtrechnung ausgewiesenen Abschreibungen, dann sind die Investitionen 2003 sogar erstmals in der Geschichte der Bundesrepublik negativ gewesen. Der deutsche Sozialstaat wird aus der Substanz finanziert, die Position der deutschen Arbeitnehmer im Wettbewerb massiv beschädigt.

Im Wettbewerb behindert sind aber auch die Unternehmen. Zwar sind die Unternehmenssteuern deutlich gesunken. Im Jahr 1995 musste eine Kapitalgesellschaft von zusätzlich verdienten und einbehaltenen 100 Euro Gewinn 64,9 Prozent abführen, 2002 waren es nur noch 38,7 Prozent. Doch in der Zwischenzeit haben auch viele andere Staaten entdeckt, dass man mit einer klugen Steuerpolitik im globalen Wettbewerb Vorteile erringen kann. In den Vereinigten Staaten lag die Steuerlast für Kapitalgesellschaften 2002 zwar noch etwas höher als in Deutschland (39,9 Prozent), in Großbritannien aber deutlich niedriger (30,0 Prozent). Der Spitzensatz der Einkommensteuer liegt in Deutschland von 2005 an bei 44,3 Prozent (einschließlich Solidaritätszuschlag), in Österreich bei 50,0 Prozent, im US-Bundesstaat New York dagegen bei 41,8 Prozent. Deutschland liegt mit seinen Steuern im Mittelfeld, aber der Wettbewerb der Steuersysteme geht weiter, und dem kann sich Deutschland nicht entziehen. Besonders die Osteuropäer treten sehr aggressiv in diesen Wettbewerb ein. In der Tschechischen Republik zum Beispiel liegt der Spitzensteuersatz bei 32 Prozent. Andere Länder, zum Beispiel Estland, haben einen einheitlichen Satz von 26 Prozent eingeführt. Und die Deutschen sollten sich keine allzu großen Hoffnungen machen, dass sie diesen Steuerwettbewerb durch Abmachungen in der EU unterbinden könnten. Der Anreiz für ärmere Staaten, mittels Steuerpolitik gegenüber den anderen aufzuholen, ist viel zu groß. Schließlich hat auch Irland seinen phänomenalen Aufstieg als »keltischer Tiger« dadurch begonnen, dass es ausländisches Kapital mit konkurrenzlos niedrigen Steuern lockte.

Vielleicht liegt der alles entscheidende Nachteil von Deutschlands Steuersystem darin, dass es niemand mehr verstehen kann. Ein derart kompliziertes Steuerrecht bevormundet die Bürger – sie müssen viel zu viel Zeit und geistige Kapazitäten dafür einsetzen, die Steuerrechnung zu optimieren. Deshalb haben alle Modelle für eine Steuerreform eine Formel gemeinsam: weniger Ausnahmen von der Steuerpflicht, dafür niedrigere Steuersätze. So ist es beim Modell des CDU/CSU-Fraktionsvize Friedrich Merz, beim Modell des Sachverständigenrates, der Gruppe um den Kölner Steuerrechtler Joachim Lang, und schließlich dem bekanntesten: dem radikalen Entwurf von Paul Kirchhof. Der ehemalige Verfassungsrichter will mit einem einheitlichen Einkommensteuer-Gesetzbuch aus nur noch 23 Paragraphen auskommen – einem Zehntel der bisherigen Menge. Anstelle progressiv steigender Sätze würde es bei ihm nur noch einen einzigen Steuersatz von 25 Prozent geben. Die Debatte um die Modelle hat allerdings eine entscheidende Schwäche: Viele Politiker, vor allem in der Opposition, unterstellen, es gäbe einen Spielraum für die Senkung der Steuerlast.

Doch den gibt es nicht. Deutschland ist, wie oben dargestellt, kein Hochsteuerland. Im Gegenteil, der Steueranteil ist eher niedrig, die Lasten, die der Staat sich in der Vergangenheit aufgebürdet hat, sind dagegen gewaltig; er wird sie auch nicht so einfach los. Der Anteil des Staates an der gesamten Volkswirtschaft, die Staatsquote, hat 48,6 Prozent erreicht. Fast jeder zweite in Deutschland verdiente Euro fließt also auf irgendeine Art und Weise durch staatliche Kassen. Bei der Staatsquote liegt Deutschland im oberen Mittelfeld: Österreich, Frankreich und die skandinavischen Staaten liegen höher, die Niederlande, Großbritannien und Japan deutlich niedriger. Die Vereinigten Staaten erreichen ganze 35,6 Prozent. Jedenfalls kann keine Rede davon sein, dass der deutsche Sozialstaat unter dem Druck der Globalisierung verschwunden wäre. Im Gegenteil: Der Sozialstaat wurde ausgebaut, ohne dass man sich um die Finanzierung gekümmert hat; man hat den Bürgern etwas vorgemacht. Das Ergebnis ist der Berg der öffentlichen Schulden.

Für die Steuerreformer entsteht dabei ein Problem: Wer die Einkommensteuer radikal vereinfachen will, muss dies so tun, dass möglichst niemand dabei draufzahlt. Zum Beispiel sollte die Steuerfreiheit für Nacht- und Feiertagszuschläge entfallen. Es ist nicht einzusehen, warum die Tatsache, dass jemand nachts arbeitet, von der Gemeinschaft der anderen Steuerzahler subventioniert wird. Daher sehen alle ernst zu nehmenden Vorschläge für eine Steuerreform die Abschaffung der Steuerbefreiung vor. Wenn man die Subvention aber nun einfach so streichen würde, dann müsste zum Beispiel eine Krankenschwester, die auf einer Intensivstation arbeitet, auf einen Schlag erheblich mehr zahlen, und es könnte ihr niemand verdenken, wenn sie gegen so eine Steuerreform protestiert. Ähnlich wäre es bei Druckern und Busfahrern – sie alle würden eine Koalition der Unwilligen gegen die Steuerreform bilden. Das bedeutet: Bei einer Steuerreform muss für alle Bürger unterm Strich etwas übrig bleiben. Das geht aber nur, wenn das Gewicht der Einkommensteuer insgesamt sinkt; angesichts der Lage der Staatsfinanzen muss es dafür einen Ausgleich an anderer Stelle geben. Und dieser Ausgleich kann nach Lage der Dinge nur eine höhere Mehrwertsteuer sein.

Es wäre ein Irrtum zu glauben, die Finanzminister in Bund und Ländern könnten das Problem der Staatsfinanzen allein durch Sparen lösen. Ohne Wirtschaftswachstum wird jeder Finanzminister in Berlin scheitern. Ein um einen Prozentpunkt höheres Wachstum verringert das Staatsdefizit – bei sonst gleichen Bedingungen – um zehn Milliarden Euro; der Anteil des Defizits am BIP (Defizitquote) sinkt um einen halben Prozentpunkt. Wenn die Defizitquote exakt bei drei Prozent liegt – so wie vom europäischen Stabilitätspakt höchstens zugelassen – und das BIP nominal (also einschließlich der Teuerung) um fünf Prozent wächst, dann bleibt der Berg der öffentlichen Schulden unverändert bei ungefähr 60 Prozent des BIP. Wächst das BIP dagegen nominal nur um drei Prozent, steigt die Schuldenquote langfristig auf 100 Prozent. Die gesamten von Bund, Ländern und Gemeinden angehäuften Schulden entsprächen genau dem, was die Deutschen im Laufe eines Jahres insgesamt erwirtschaften.

Liegt die Defizitquote dauerhaft bei vier Prozent – wie im Jahr 2003 –, dann steigt die Schuldenquote binnen zehn Jahren auf 80 Prozent und langfristig auf 140 Prozent. Das wäre dann mehr als Italien (116,3 Prozent) und Belgien (117,4 Prozent) bei ihrem Beitritt zur Währungsunion hatten, also jene Länder, die sich in der Vergangenheit durch eine besonders unsolide Haushaltspolitik ausgezeichnet hatten. Dabei ist zu berücksichtigen, dass die Zinsen derzeit im historischen Vergleich sehr niedrig sind, was auch den Staatsfinanzen zugute kommt. Die Durchschnittsverzinsung der Staatsschulden ist von acht Prozent 1992 auf fünf Prozent 2003 gesunken. Niemand sollte erwarten, dass diese Entwicklung noch weitergeht, im Gegenteil: Wahrscheinlich werden die Zinsen steigen, wenn die Wirtschaft in Europa wieder schneller wächst. Ein Anstieg der Durchschnittsverzinsung um einen Prozentpunkt hätte Mehrausgaben von 14 Milliarden Euro zur Folge, was die Defizitquote, bei sonst gleichen Bedingungen, um einen halben Prozentpunkt erhöhen würde. Wären die Zinsen so hoch wie kurz nach der deutschen Einheit, dann müssten die Finanzminister fast 40 Milliarden Euro mehr für den Schuldendienst ausgeben. Die Defizitquote hätte dann 2003 nicht bei vier, sondern bei sechs Prozent gelegen. Die Konsolidierungsaufgabe für die Staatsfinanzen ist gewaltig.

Das wichtigste Gut

Fragt man jemanden, was ihm denn wohl am wichtigsten im Leben sei, antworten die meisten: meine Gesundheit. »Hauptsache, wir bleiben gesund« ist eine gängige Wendung. Würden die Leute ein wenig länger nachdenken, dann merkten sie schnell, dass die Gesundheit eben doch nicht das Wichtigste ist, sondern dass es das Leben selbst ist – das eigene und das von Partnern, Kindern, Eltern, Freunden. Viele Menschen gefährden ihre Gesundheit in vollem Bewusstsein, um ein wenig Spaß zu haben, indem sie rauchen oder einen gefährlichen Sport betreiben.

Aber an der zentralen Bedeutung des Themas Gesundheit im Bewusstsein der Deutschen kann es trotzdem keinen Zweifel geben. Sie ernähren sich »gesundheitsbewusst«, sie machen »Wellness-Urlaub«, demonstrieren gegen »Gift im Essen« und verhindern den Anbau gentechnisch veränderter Lebensmittel wegen möglicher Gesundheitsgefahren für Allergiker und noch unbekannter Risiken. Und wenn es um die Reform der Krankenkassen geht, dann sagen sie voller Überzeugung: Gesundheit darf keine Ware sein.

Dahinter steckt die Überzeugung, dass etwas wirklich Wichtiges nicht den Regeln der Ökonomie unterliegen darf – ein verhängnisvoller Irrtum. Wer gedanklich das Gesundheitswesen aus der Ökonomie herausrechnet, der

- übersieht die bisherigen Erfolge der Medizin. Zwar haben die Menschen ständig Angst, krank zu werden, doch gleichzeitig leben die Deutschen immer länger. Ein im Jahr 2000 in der Bundesrepublik geborenes Mädchen hat eine Lebenserwartung von 81,07 Jahren, ein Junge von 75,11 Jahren;

jedes Jahr nimmt die Lebenserwartung statistisch um vier Monate zu.

- Außerdem übersieht er, dass das Geschäft mit der Gesundheit Wachstum und Arbeitsplätze in Krankenhäusern, Arztpraxen, Apotheken und Pharmaunternehmen sichert. Insgesamt verdienten 2002 rund 4,2 Millionen Menschen mit der Gesundheit anderer ihrer Brot – jeder neunte Beschäftigte in Deutschland. Dabei ist der Wettbewerb genauso global wie anderswo. Die Pharmaindustrie wird ohnehin von multinationalen Konzernen beherrscht. Aber auch Krankenhäuser müssen sich, wenigstens in der EU, der internationalen Konkurrenz stellen.

In der Bundesrepublik ist das Gesundheitswesen aber immer noch im Stile einer Staatswirtschaft organisiert. Die Patienten leben im Bewusstsein, Gesundheitsleistungen vom Staat zugeteilt zu bekommen; Sparmaßnahmen werden als »Sozialabbau« wahrgenommen. Der Staat seinerseits spart, indem er den gesamten Gesundheitssektor mit einem dichten Geflecht obrigkeitsstaatlicher Regulierung überzieht: Praxisgebühren, Budgets, Solidarbeiträge. Dabei leidet die Effizienz des Systems. Die Deutschen haben im Jahr 2001 insgesamt 10,7 Prozent des BIP für die Gesundheit ausgegeben, der dritthöchste Wert unter den Industrieländern, der nur von den Vereinigten Staaten (13,9 Prozent) und der Schweiz (10,9 Prozent) übertroffen wird.

Den hohen Ausgaben stand im Vergleich zu Ländern, die, wie etwa Schweden, deutlich weniger für die Gesundheit ausgeben, kein wahrnehmbarer Unterschied in der Gesundheit der Bevölkerung gegenüber. Und trotz der hohen Ausgaben sehen sich die Anbieter von Gesundheitsdiensten – von den Ärzten bis zur Pharmaindustrie – bedroht. Die deutschen Arzneihersteller sind mittlerweile ein Schatten ihrer selbst. Früher galt Deutschland einmal als »Apotheke der Welt«, heute ist der Pharmakonzern Hoechst in einem französischen Konzern aufgegangen, Bayer ist im internationalen Vergleich nicht mehr als ein mittelgroßes Unternehmen. Trotzdem wird »die« Pharmaindustrie immer wieder um »Sparbeiträge« für die Gesundheitsreform gebeten, so als könne man dies Unternehmen verordnen, die im internationalen Wettbewerb stehen.

Jeder zivilisierte Staat organisiert das Gesundheitswesen wenigstens zum Teil solidarisch. Niemandem soll eine medizinisch notwendige Leistung verweigert werden, bloß weil er arm ist. Das deutsche Modell hat dabei zwei zentrale Probleme: Erstens sind die Deutschen nicht als Bürger, sondern als Arbeitnehmer gesetzlich krankenversichert. Zweitens können sie sich von einem bestimmten Einkommen an aus der Solidarität herauskaufen und sich privat versichern. Auf diese Weise ist die Solidarität im Gesundheitswesen auf die kleinen Leute begrenzt.

Früher war das alles nicht so schlimm: Es herrschte Vollbeschäftigung, wodurch es viele Beitragszahler gab, außerdem starben die Menschen früher. 1970 lag der durchschnittliche Beitragssatz der gesetzlichen Krankenkassen noch bei 8,2 Prozent, 2002 waren es 14,0 Prozent.

Längst ist klar, dass das alte Modell der Gesundheitsfinanzierung in der Bundesrepublik keine Zukunft mehr hat; deshalb werden Beitragszahler und Patienten schon seit Jahrzehnten von Bundesregierungen unterschiedlicher Couleur mit Gesundheitsreformen, Kostendämpfungsgesetzen und ähnlichem überzogen. Alle Gesetze zusammen konnten den Anstieg der Kosten allenfalls dämpfen, aber nicht stoppen. Das letzte Beispiel für einen missglückten Versuch der Kostendämpfung ist die Gesundheitsreform, die Bundesregierung und Union 2003 im Bundesrat ausgehandelt haben. Die Wut und die Verwirrung der Betroffenen ist groß, schon allein wegen der Praxisgebühr, gleichzeitig wissen alle, dass die Reform nicht wirklich ausreicht und eine Erneuerung an Haupt und Gliedern notwendig ist. Insofern haben Gesundheitsministerin Ulla Schmidt und ihr Partner Horst Seehofer von der CSU vor allem eines bewirkt: Sie haben den Widerstand in der Bevölkerung gegen unvermeidbare Einschnitte verstärkt. Und man sollte sich durch erste Erfolgsmeldungen nicht täuschen lassen. Auch wenn die Menschen jetzt seltener zum Arzt gehen, die grundlegende Reform des Systems ist nur aufgeschoben, nicht aufgehoben.

Das deutsche Gesundheitswesen ist nicht effizient genug, und das bedeutet, dass für die Gesundheit der Bürger entweder zu viel ausgegeben wird oder zu wenig eingenommen oder auch beides. Die bisherige Politik der Kostendämpfung hat hauptsächlich an den Ausgaben angesetzt, es waren im Grunde administrative Maßnahmen zur Rationierung, eine sozialistische Mängelwirtschaft, die durch Zwang und Druck versucht hat, Preiserhöhungen, zum Beispiel von Medikamenten, und eine Ausweitung des Angebots, etwa seitens der Fachärzte, zu vermeiden. Andere Maßnahmen, etwa höhere Selbstbeteiligungen oder die Praxisgebühr, dienten dazu, höhere Einnahmen zu erzwingen. Nichts von alledem hat bisher dazu beigetragen, die Effizienz zu erhöhen. Einige Ökonomen glauben, dass wenigstens die Praxisgebühr von zehn Euro eine gewisse steuernde Funktion ausübt und die Zahl überflüssiger Arztbesuche begrenzt, aber darüber streiten sich die Experten.

Inzwischen scheinen sich die Sozialdemokraten auf ein Modell für die Reform des Gesundheitswesens geeinigt zu haben: die so genannte Bürgerversicherung. Das Modell sieht auf den ersten Blick bestechend aus: Alle Bürger wären versicherungspflichtig, ihr Beitrag würde sich an ihrem gesamten Einkommen bemessen, nicht nur am Arbeitseinkommen. Zweifellos würde dies zunächst einmal viele Milliarden Euro in die Kassen der Krankenversicherungen spülen und es so erlauben, die Beiträge zu senken, wenigstens ein wenig und für begrenzte Zeit. Außerdem hat die Bürgerversicherung unter dem Aspekt der Durchsetzbarkeit einige unbestreitbare Vorteile: Sie hat einen sehr schönen Namen und sie erweckt bei den Versicherten, die jetzt unter der Kostensenkungspolitik zu leiden haben, den Eindruck, jetzt seien einmal die anderen mit dem Bezahlen dran: die Selbstständigen, die Beamten, die Reichen ganz allgemein.

Dass Letzteres ein Trugschluss sein könnte, konnte man schon Ende 2003 ahnen, als die Bundesregierung festlegte, dass künftig auch Betriebsrenten als Einkommen angerechnet und also beitragspflichtig für die Krankenversicherung werden. Als dies bekannt wurde, gab es wütende Proteste der Betroffenen – dabei liegt der Schritt klar in der Logik einer Bürgerversicherung. Bürgerversicherung bedeutet ja, dass neben Arbeits- auch andere Einkommen herangezogen werden.

In Wirklichkeit hat die Bürgerversicherung drei entscheidende Nachteile: Sie ändert nichts daran, dass die Kosten der Gesundheitsversorgung direkt an die Arbeitskosten gekoppelt sind. Sie würde den privaten Krankenversicherungen den Garaus machen und wäre daher unter Umständen vor dem Verfassungsgericht anfechtbar. Und sie würde keinerlei Anreize bieten, um durch mehr Wettbewerb die Effizienz des Systems zu steigern.

Die Alternative zur Bürgerversicherung gibt es, und ihr größter Nachteil ist der Name: Kopfpauschale. Das gemahnt an Kopfgeld, Kopfgeldjäger, Kopf ab ... Viel treffender und weniger abschreckend ist der eigentliche Fachausdruck: Gesundheitsprämie. Der Wirtschaftssachverständige Bert Rürup hat ein derartiges Prämienmodell vorgeschlagen, ebenso die Experten-Kommission der CDU unter dem Vorsitz von Altbundespräsident Roman Herzog. Der Grundgedanke ist sehr einfach: Der bisherige Krankenkassenbeitrag wird abgeschafft, an seine Stelle tritt eine einheitliche Pauschale, die alle Erwachsenen zahlen müssen, ob sie nun angestellt sind, selbstständig oder Hausfrauen. Und wer die Pauschale nicht bezahlen kann, bekommt einen Zuschuss.

Gegen dieses Modell lässt sich Widerstand leicht mobilisieren, weil die Bürger im Zusammenhang mit der Gesundheit dem ökonomischen Denken entwöhnt sind: Wenn ein Chefarzt genauso viel zahlen muss wie eine Sekretärin, dann ist das doch ungerecht – so lautet das gängige Argument. Ungerecht ist es angeblich auch, wenn Familienmitglieder ohne eigenes Einkommen, anders als heute, künftig Beiträge zahlen müssten. Hinter den Einwänden gegen die Gesundheitsprämie steht ein zentraler Irrtum: Dass das bisherige System solidarisch und gerecht sei.

Tatsächlich ist das Gegenteil richtig. Zwar sind in die gesetzliche Krankenversicherung jede Menge Umverteilungen eingebaut, doch die sind vollkommen willkürlich. Bisher kann sich der Chefarzt aus der Solidarität freikaufen, indem er sich privat versichert. Wer wenig verdient, hat die Option der privaten Krankenversicherung nicht. Eine Familie, in der der Mann 50.000 Euro verdient und die Frau nichts, zahlt weniger Beiträge als eine andere Familie, in der beide Partner jeweils 25.000 Euro verdienen. Die Familienhilfe wird auch bei gut verdienenden Versicherten von den Durchschnittsverdienern mitbezahlt. Was soll daran gerecht sein?

Bei der Gesundheitsprämie verteilt der Staat ebenfalls um – von den Gesunden auf die Kranken. Ein besonders weitgehendes und daher schlüssiges Modell hat die Gemeinschaftsinitiative Soziale Marktwirtschaft von Bertelsmann-Stiftung, Heinz-Nixdorf-Stiftung und Ludwig-Erhard-Stiftung vorgelegt: Danach wäre künftig jeder Bürger verpflichtet, sich für das medizinisch Notwendige zu versichern. Jedes Unternehmen könnte dafür eine entsprechende Versicherung anbieten – vorausgesetzt, es verlangt für alle Kunden eine einheitliche Prämie. Die Bürger könnten ihre Versicherung nach Belieben wechseln; den Katalog der zu versichernden Leistungen würde der Staat festlegen, dabei sollte alles herausfallen, was mit der Erhaltung und der Wiederherstellung der Gesundheit nichts zu tun hat: Sterbegeld, bestimmte Leistungen in der Schwangerschaft, Empfängnisverhütung, Sterilisation. Wenn dies aus sozialpolitischen Gründen (kein oder nur geringes Einkommen) vom Staat gezahlt werden soll, müsste dies aus Steuern geschehen. Über den Grundkatalog hinaus könnte sich jeder freiwillig zusätzlich versichern.

Nach einer Schätzung der Professoren würde die Gesundheitsprämie im Jahr 2005 bei durchschnittlich 196 Euro im Monat liegen; das wären 7,6 Prozent vom Bruttolohn eines durchschnittlich verdienenden Arbeitnehmers. Der wäre damit deutlich besser dran als bisher.

Derzeit stehen die Chancen für eine derartige Reform nicht

gut. Die SPD, aber auch Teile der CSU wollen die Bürgerversicherung, weil sie so leicht durchzusetzen erscheint. Würde diese allgemeine Zwangsversicherung tatsächlich eingeführt, dann wäre der Weg für eine wirkliche Reform, für die Entlastung des Arbeitsmarktes und mehr Wettbewerb im Gesundheitswesen auf Jahre hinaus blockiert.

Exkurs über das Sparen

Philippe Lelodey war in München ein bekannter Mann. Sein Bistro »Chez Philippe« zog Prominente an wie Peter Ustinov und Chris de Burgh, aber auch unzählige Münchner. Zu manchen Zeiten standen die Leute Schlange bis auf die Straße hinaus, um noch einen Platz zu bekommen. Im Jahr 2004 hat »Chez Philippe« für immer geschlossen. Warum, begründete der französische Wirt gegenüber der *Süddeutschen Zeitung* so: Die Gäste seien zwar nach wie vor gekommen, hätten aber kaum mehr konsumiert, zum Essen keinen Wein mehr bestellt, sondern oft nur Leitungswasser. Und dann hätten sie auch immer noch über die Höhe der Rechnung geschimpft. Die Wirtschaftskrise mache die Menschen »melancholisch«. »Sie können nicht mehr genießen.« Lelodey will jetzt in Asien ein Restaurant eröffnen.

In der Krise haben die Deutschen eines gelernt: Sie müssen sich einschränken. Der *Kölner Stadt-Anzeiger* veröffentlichte im Frühjahr 2004 eine Serie, in der die Leser um Auskunft darüber gebeten wurden, worauf sie denn »verzichten« könnten. Die Antworten kamen reichlich; oft schlugen die Leser aber auf verwinkelte Weise nur vor, wie *andere* sich einschränken könnten. Er könne auf Manager und Politiker verzichten, die immer nur abkassieren, schrieb einer.

Dabei schnallen die Deutschen den Gürtel längst enger; auch jene, die Geld haben, geben es nicht aus. Der Einzelhandel kommt nicht aus der Krise, die Sparquote steigt. Die Depression setzt sich aber auch auf anderer Ebene fort. Es war im Krisenjahr 2002 während einer deutsch-britischen Konferenz in London; dabei ging es, wie so oft in den vergangenen Jahren, um Reformen und um Reformfähigkeit in Deutschland. Unter den Rednern vor erlesenem Publikum war der Chefvolkswirt einer großen deutschen Bank. Der Ökonom schilderte eindringlich, was alles schief läuft in Deutschland, er zählte all die Irrtümer der Politik auf und endete dann mit dem Satz: »Der deutsche Weg führt in die Sackgasse.«

Man muss nicht übersteigert patriotisch sein, um leicht zu frösteln, wenn so ein Satz mit Inbrunst vor ausländischem Publikum vorgetragen wird. Wahrscheinlich schafft es nur ein Deutscher, die Probleme des eigenen Landes so pathetisch auszudrücken. Wir Deutsche sind eben einzigartig, auch in unseren Fehlern. Vielleicht erscheint deshalb auch als Reaktion auf die Krise einer breiten Öffentlichkeit noch am ehesten die Selbstbeschränkung, das Sparen akzeptabel. Der Mann, der dies deutsche Paradigma des Sparens verkörpert wie kein anderer, ist Hans Eichel. Der Bundesfinanzminister Gerhard Schröders und seine Konsolidierungspolitik waren das Markenzeichen der wenigen guten Jahre der rot-grünen Koalition. Mit intensiver Unterstützung durch einen Medienberater wurde Eichel zum Sparkommissar, zum »Eisernen Hans« hochstilisiert. Doch als die Konjunktur zusammenbrach, wurde er zum Opfer der Verhältnisse. Eichel jagt von Haushaltsloch zu Haushaltsloch, er kürzt und saniert, und trotzdem verfehlt er den europäischen Stabilitätspakt. Er ist der Herr der Löcher geworden. Die Bezeichnung ist auf eine gewisse Weise ungerecht, denn Hans Eichel hat durchaus Erfolge gehabt; ohne seinen Kurs wäre alles noch viel schlimmer. Eichels Schicksal aber zeigt das Dilemma mit dem Sparen: »*You cannot save yourself into prosperity*«, heißt ein amerikanisches Sprichwort – man kann nicht durch Sparen reich werden. Die Defizite im Haushalten sind Symptome, nicht Ursache der deutschen Misere; das Problem ist mit der Methode Eichel allein nicht zu lösen. Sparen ohne Reformen, die mehr Wachstum möglich machen, führt bestenfalls in die Stagnation. Die persönliche Tragik Eichels liegt darin, dass er sich zuerst zum Sparkommissar mit den vielen Sparschweinen auf dem

Schreibtisch stilisiert hat, und dann der Schwenk zur Reformpolitik der Agenda 2010 erst mit großer Verspätung 2003 kam und zudem noch chaotisch vorbereitet wurde.

Fatal ist, wenn das Paradigma des Sparens unkritisch auf die ganze Gesellschaft übertragen wird. Tatsächlich lebt Deutschland ja nicht *über*, sondern *unter* seinen Verhältnissen. Wenn zwischen vier und sechs Millionen Menschen ohne Arbeit sind, wenn Millionen Menschen kürzer arbeiten, als sie eigentlich wollen, dann bedeutet dies, dass weite Teile der Wirtschaftskraft Deutschlands lahm gelegt sind. Diese setzt man nicht dadurch in Gang, dass alle sich einschränken, sondern dass sie etwas wagen. Auf den Staat übertragen bedeutet dies: Die Regierungen müssen einerseits sparen, sie müssen aber auch für viele Aufgaben mehr Geld ausgeben: für die Bildung, für die Forschung, auch für die Bundeswehr, die nach dem Ende des Kalten Krieges ganz andere Aufgaben wahrnehmen muss als die, für die sie 1955 gegründet wurde. In vielen Städten beginnt die Infrastruktur zu verfallen. Nicht Sparen muss das Leitmotiv sein, sondern Freiheit, Wettbewerb und Wachstum.

Die J-Kurve

Wenn ein Mensch depressiv ist, dann glaubt er, auf den Gang seines Lebens und auf seine Umwelt keinen Einfluss mehr zu haben, er verliert das Gefühl für Selbstwirksamkeit. Wenn ein Unternehmen in die Krise gerät, bricht die Motivation der Belegschaft zusammen, alle haben Angst um ihren Arbeitsplatz, sie beschäftigen sich nur noch mit sich selbst, mit den Kosten und mit Unternehmensinterna statt mit den Kunden und den Märkten der Zukunft. Das ist oft gerade dann der Fall, wenn das Management die ersten richtigen Schritte auf dem Weg aus der Krise getan hat. Aus der Volkswirtschaft ist dieses Phänomen als J-Kurven-Effekt bekannt: Wenn die Regierung in einer Zahlungsbilanz-Krise das Richtige macht, nämlich die Währung abzuwerten, dann werden die Zahlen erst einmal schlechter, ehe sie besser werden können – wie auf dem absteigenden Bogen eines »J«. Das ist der Augenblick, in dem Reformen oft scheitern: Die Menschen leisten Widerstand, weil sie deren Sinn nicht einsehen. Entscheidend ist in dieser Situation die Glaubwürdigkeit der Regierung und des Managements.

Genau in dieser Situation befindet sich die Bundesrepublik Deutschland im Jahr 2004. Alle haben erkannt, dass die Deutschen ein Problem haben – das ist schon ein entscheidender Fortschritt. Die Regierung hat mit der Agenda 2010 ein paar wichtige Schritte in die richtige Richtung getan, aber die Zweifel an ihrer Kompetenz nehmen zu. Der Widerstand in den eigenen Reihen wächst, die Blockadebereitschaft der Opposition ebenfalls, die Wirtschaft ist gelähmt, weil Unternehmer und Verbraucher kein Vertrauen in die Zukunft haben – alle Beteiligten befinden sich auf dem absteigenden Bogen der J-Kurve. Zu allem

Überfluss hat die Regierung ein massives Problem mit der eigenen Glaubwürdigkeit, weil der Bundeskanzler vor der Wahl das Gegenteil dessen versprochen hat, was er nach der Wahl umsetzte, und weil er die Bürger über den wahren Stand der Staatsfinanzen im Unklaren ließ. Die Agenda 2010 war eben nie Gegenstand eines Wahlkampfes, sie wurde erst im März 2003 verkündet. Im Übrigen merkt jedermann, dass es in den Koalitionsparteien keinen einheitlichen Reformwillen gibt – spätestens seit die Regierung gegen den Rat aller Experten das Gesetz über die Ausbildungsabgabe beschlossen hat. Es wurde in letzter Minute durch den Ausbildungspakt mit den Wirtschaftsverbänden gestoppt.

In der jetzigen Phase kommt es auf Schnelligkeit und Transparenz an. Die Wende ist möglich, wenn die Menschen wieder eine Richtung erkennen. Dazu müssen sie wissen, dass die Regierenden in der Wirklichkeit angekommen sind, und wissen, was sie wollen. Die Aufgabe ist groß, aber sie ist auch begrenzt. Es geht nicht darum, dass alle den Gürtel enger schnallen, sondern darum, dass der Staat sich zurücknimmt, damit die Menschen ihre Chancen wahrnehmen können und sich wieder etwas zutrauen. Die Menschen brauchen eine Perspektive, ein Leitbild. Die Zukunft kann nicht dadurch gewonnen werden, dass wir uns einschränken, sondern dadurch, dass wir etwas wagen. Das Leitbild muss daher der Wettbewerb sein.

1. Aufbau Ost: Die größte Wachstumsbremse für Deutschland sind zurzeit die Transfers für den Osten, die die westdeutsche Wirtschaft, und hier besonders der Faktor Arbeit, aufbringen muss. Der größte Teil der Transfers besteht aus Rechtsansprüchen, die nicht mehr gekündigt werden können. Allerdings müssen die Subventionen für Ostdeutschland, etwa für die Investitionsförderung, in den allgemeinen Subventionsabbau mit einbezogen werden. Generell ist die Zeit für Sonderlösungen zugunsten des Ostens verstrichen. Ost und West sind inzwischen so aufeinander angewiesen, dass auch Ideen für eine Sonderwirtschaftszone Ost an

der Wirklichkeit vorbeigehen. Die neuen Länder brauchen mehr Luft im Wettbewerb. Vor allem muss die selbstschädigende Lohnpolitik der vergangenen Jahre beendet werden. Die Aufholjagd bei den Tariflöhnen darf erst wieder beginnen, wenn die Produktivität in den neuen Ländern ungefähr Westniveau erreicht hat. Der Niedriglohnsektor, der sich im Osten spontan gebildet hat, darf weder durch Gesetze noch durch die Tarifparteien eingeschränkt werden. Die Landesregierungen im Osten müssen ihre Soziallasten in den Haushalten so weit abbauen, dass sie ihre Investitionen substanziell steigern können.

2. Gesundheitswesen: Wir brauchen eine Gesundheitsreform, die die Finanzierung des Produkts Gesundheit ein für allemal von den Arbeitskosten entkoppelt. Kern der Reform ist eine Gesundheitsprämie, die alle erwachsenen Bürger bezahlen müssen. Menschen mit sehr geringem Einkommen bekommen Unterstützung vom Staat. Jede in Deutschland zugelassene Versicherung kann für die Gesundheitsprämie ein Angebot unterbreiten. Damit würden die Anreize zur Effizienzsteigerung im Gesundheitswesen erhöht und die Grenzbelastung der Arbeit auf einen Schlag um rund 14 Prozentpunkte gesenkt. Die so genannte Bürgerversicherung würde weder das Effizienz- noch das Arbeitskosten-Problem lösen. Es wäre eine Zwangsversicherung für alle mit unkalkulierbaren Kosten.
3. Steuern: Deutschland muss sich dem internationalen Steuerwettbewerb stellen. Ein erster großer Schritt zur Vereinfachung des Steuerrechts ist dazu nötig; alle Subventionen sind um einen festen Betrag zu kürzen. Gleichzeitig ist klarzustellen, dass eine Senkung der Steuerlast insgesamt nicht zu verantworten ist. Daher wird die Reform der Einkommensteuer mit einer Erhöhung der Mehrwertsteuer gekoppelt.
4. Bildung: Ob die Deutschen sich im internationalen Wettbewerb behaupten können, hängt entscheidend davon ab,

wie gut ausgebildet sie sind. Nicht erst seit der Pisa-Studie ist klar, dass die deutschen Schulen und Hochschulen internationalen Standards nicht mehr genügen. Ein klares Signal für mehr Wettbewerb könnte die Einführung von Studiengebühren sein – nicht um Löcher in den Länderhaushalten zu stopfen, sondern um den Universitäten die Möglichkeit zu geben, ihr Angebot zu steuern, sich die richtigen Studenten auszusuchen und sich auf die internationale Konkurrenz einzustellen.

Wettbewerb im Bildungswesen hat noch einen anderen Aspekt: Die deutschen Hochschulen brauchen, wenn sie Spitzenergebnisse erzielen wollen, mehr Geld, Geld, das der Staat nicht hat. Neue Mittel können nur vom Privatsektor kommen, entweder von den Studenten und ihren Eltern oder von Unternehmen, die an gut ausgebildeten Studenten interessiert sind. Deutschland gibt rund ein Prozent des Bruttoinlandsprodukts für die Universitätsbildung aus, die Vereinigten Staaten 2,7 Prozent. Dort trägt allerdings der Staat nur 47 Prozent zu den Hochschulkosten bei, in Deutschland sind es 93 Prozent. Dies zeigt, welches Potenzial sich auch hier erschließen ließe, wenn man den Universitäten mehr Freiraum ließe.

5. Berufliche Ausbildung: Die Industrie- und Handelskammern erhöhen das Tempo bei der Modernisierung der Berufsbilder für die Lehrberufe, die Erneuerung der Handwerksordnung wird fortgesetzt. Die Regierung zeigt, dass sie Kurs hält: Sie verzichtet definitiv auf die Ausbildungsabgabe und beendet das Gerede darüber. Die richtige Ausbildung lässt sich nicht von Bürokraten verordnen, freiwilliges Engagement von Meistern und Betrieben braucht Platz und Luft.
6. Arbeitsmarkt: Die Regierung schreibt per Gesetz Öffnungsklauseln für Tarifverträge vor. Unter klaren Voraussetzungen müssen Betriebsräte und Geschäftsführung vereinbaren können, dass in dem Unternehmen die Regeln des

Flächentarifs unterschritten werden – ohne dass Gewerkschaften und Arbeitgeberverbände dagegen einschreiten können. Die Vereinbarung zwischen dem Management von Siemens und dem Betriebsrat über die Rückkehr zur 40-Stunden-Woche in den Werken Bocholt und Kamp-Lintfort ist ein wichtiger Schritt. Ähnliches gilt für den Kompromiss bei DaimlerChrysler.

7. Lohnstruktur: Gewerkschaften und Arbeitgeber vereinbaren, bei jeder Tarifrunde nur um die Hälfte des theoretischen Verteilungsspielraums zu erhöhen, so lange jedenfalls, wie in Deutschland noch Massenarbeitslosigkeit herrscht.
8. Unternehmer: Die Regierung startet eine Entbürokratisierungsoffensive, der Zeitraum, den die Gründung eines Unternehmens beansprucht, wird halbiert; kleine Unternehmen bis zu einem Umsatz von 500.000 Euro werden von der Buchhaltungspflicht befreit.
9. Altersvorsorge: Die Rentenbeiträge werden auf 20 Prozent festgeschrieben, um den Arbeitsmarkt nicht weiter zu belasten, die Rentenversicherung wird so reformiert, dass sie bei diesem Satz nachhaltig finanzierbar ist. Das gesetzliche Rentenalter wird abgeschafft; jeder kann in den Ruhestand gehen, wann er will, die Rentenansprüche werden dann entsprechend angepasst. Dies bedeutet, dass insgesamt das Versorgungsniveau durch die gesetzliche Rente niedriger wird. Entsprechend werden die Bürger zu mehr privater Altersvorsorge ermutigt.
10. Föderalismus: Das größte Reformhindernis derzeit ist die Struktur des deutschen Föderalismus. Die Verflechtung der Finanzströme und die Position des Bundesrates als Blockadeinstrument der Opposition verwischen Verantwortlichkeiten und ziehen Entscheidungsprozesse in die Länge. Eine große Finanzreform muss das Ziel haben, dass nur noch höchstens zehn Prozent aller Gesetze im Bundesrat zustimmungspflichtig sind. Bund, Länder und Gemeinden

sollten, in bestimmten Grenzen, über ihre Steuern autonom entscheiden können; etwa dadurch, dass jede Ebene im Bundesstaat ihren eigenen Anteil an der Einkommensteuer erhebt. Die Gewerbesteuer wird abgeschafft. Aus dem kooperativen wird wieder ein Wettbewerbsföderalismus. Wie die Arbeit der Berliner Föderalismuskommission gezeigt hat, ist diese Aufgabe nicht durch Gremien ohne echte Verantwortung zu bewältigen. Aus diesem Grund vereinbaren CDU/CSU und SPD, den Föderalismus gemeinsam zu reformieren.

11. Psychologie: Politiker und Verbandsfunktionäre beenden die Rhetorik der Kasteiung. Zwar bedeuten die Reformen für viele Bürger Einschränkungen. Die Opfer werden aber nur akzeptiert, wenn die Menschen deren Sinn erkennen können. Wir müssen nicht den Gürtel enger schnallen, wir müssen uns darauf vorbereiten, neue Chancen in der Welt wahrzunehmen. Politik muss auch Hoffnung vermitteln.

Diese elf Punkte sind ein begrenztes Reformprogramm, auf das sich die meisten Ökonomen schnell einigen könnten. Die Verwirklichung ist so schwierig, weil viele Schritte unpopulär sind, solange das Land sich auf dem absteigenden Bogen des »J« befindet, und weil nur wenige Politiker die Kraft haben, den Menschen ein Leitbild zu vermitteln. Dabei zeigt sich, dass das, worauf es jetzt ankommt, im Grunde eine Rückkehr zu den Wurzeln der Bundesrepublik und ihres Erfolges nach 1948/49 bedeutet, eine Rückkehr zu den Ideen der Sozialen Marktwirtschaft.

Alfred Müller-Armack, der Erfinder des Begriffes, schrieb einmal: »Der Gedanke der Sozialen Marktwirtschaft stellt den Versuch dar, zu einer Synthese zwischen Einsichten in die Unabdingbarkeiten des Marktgeschehens und der Bemühung, dieses marktwirtschaftliche Organisationsgebilde mit sozialen und gesellschaftlichen Fortschritten vereinbar zu machen.« Man könnte es auch so formulieren: Das westdeutsche Wirtschaftswunder ist dadurch entstanden, dass sich die Deutschen den ökonomischen Realitäten gestellt und diese genutzt haben, auch um soziale Ziele zu erreichen. Im Laufe der Jahre haben sich die sozialen Ziele verselbstständigt und die ökonomischen »Unabdingbarkeiten« gerieten in Vergessenheit, so lange, bis beides gefährdet wurde – der ökonomische Erfolg und die sozialen Ziele. Jetzt kommt es darauf an, erst einmal die Realitäten zur Kenntnis zu nehmen, und darauf dann einen neuen Erfolg aufzubauen.

Willkommen in der Wirklichkeit.

Literaturverzeichnis

Arbeitsgemeinschaft deutscher wirtschaftswissenschaftlicher Forschungsinstitute: *Die Lage der Weltwirtschaft und der deutschen Wirtschaft im Frühjahr 2004*, Essen 2004

Bollmann, Stefan (Hrsg.): *Patient Deutschland. Eine Therapie*, Stuttgart/München 2002

Broadbent, Ben, Schumacher, Dirk, Schels, Sabine: *No Gain Without Pain – Germany's Adjustment to a Higher Cost of Capital. Goldman Sachs, Global Economics Paper No 103*, New York 2004

Bundesministerium für Wirtschaft und Arbeit: *Jahreswirtschaftsbericht 2004*, Berlin 2004

Bundesministerium für Wirtschaft und Arbeit: *Die wirtschaftliche Lage in der Bundesrepublik Deutschland, Monatsberichte 1–5 2004*, Berlin 2004

Degenhardt, Franz Josef: *Lasst nicht die roten Hähne flattern, ehe der Habicht schreit. Lieder mit Noten*, München 1974

Deutsche Bundesbank: *Öffentliche Finanzen in der Krise – Ursachen und Handlungsbedürfnisse*, in: *Monatsbericht 3/2004*

Deutscher Gewerkschaftsbund: *Die Rezepte von Sachverständigenrat und anderen Experten. Implosionsszenarien für die deutsche Volkswirtschaft*, Berlin 2003

Deutsches Institut für Wirtschaftsforschung: *Abschätzung des Finanzierungsbedarfs für die Bereitstellung einer bedarfsgerechten Versorgung mit Plätzen in Kindertageseinrichtungen. Kurzgutachten für die Bundestagsfraktion von Bündnis 90/Die Grünen*, Berlin 2001

Eichengreen, Barry: *Vom Goldstandard zum Euro. Die Geschichte des internationalen Währungssystems*, Berlin 2000

Eucken, Walter: *Grundsätze der Wirtschaftspolitik*, Stuttgart 2004

Fetscher, Iring: *Der Marxismus. Seine Geschichte in Dokumenten*, München 1967

Gemeinschaftsinitiative Soziale Marktwirtschaft: *Ergebnisbericht des Gemeinschaftsprojekts »Reform der Sozialen Sicherung«*, Berlin 2004

Gesamtmetall: *Auslandserfahrungen der deutschen M + E-Industrie*, Köln 2004

Giersch, Herbert: *Abschied von der Nationalökonomie*, Frankfurt 2001

Giersch, Herbert/Paque, Karl-Heinz/Schmiedimg, Holger: *The Fading Miracle. Four Decades of Market Economy in Germany*, Cambridge 1992

Heininger, Yvonne, Straubhaar, Thomas u. a.: *Ökonomik der Reform*, Zürich 2004

Hentschel, Volker: *Ludwig Erhard. Ein Politikerleben*, München und Landsberg/Lech 1996

High, Jack: *Competition*, Cheltenham 2001

James, Harold: *Geschichte Europas im 20. Jahrhundert*, München 2004

James, Harold: *Der Rückfall. Die neue Weltwirtschaftskrise*, München 2003

Jochem, Sven, Siegel, Nico A.: *Konzertierung, Verhandlungsdemokratie und Reformpolitik im Wohlfahrtsstaat. Das Modell Deutschland im Vergleich*, Opladen 2003

Kirchhof, Paul: *Der sanfte Verlust der Freiheit. Für ein neues Steuerrecht – klar, verständlich, gerecht*, München 2004

Lindemann, Helmut: *Das antiquierte Grundgesetz*, Hamburg 1966

Müller-Armack, Alfred: *Wirtschaftslenkung und Marktwirtschaft*, Bern und Stuttgart 1976

Norberg, Johan: *Das Kapitalistische Manifest*, Frankfurt 2003

North, Michael: *Deutsche Wirtschaftsgeschichte. Ein Jahrtausend im Überblick*, München 2000

Sachverständigenrat zur Begutachtung der gesamtwirtschaftlichen Entwicklung: *Zwanzig Punkte für Beschäftigung und Wachstum. Jahresgutachten 2002/2003*, Stuttgart 2003

Sachverständigenrat zur Begutachtung der gesamtwirtschaftlichen Entwicklung: *Staatsfinanzen konsolidieren – Steuersystem reformieren. Jahresgutachten 2003/2004*, Stuttgart 2004

Schlecht, Otto: *Ordnungspolitik für eine zukunftsfähige Marktwirtschaft*, Frankfurt 2001

Ders.: *Grundlagen und Perspektiven der Sozialen Marktwirtschaft*, Tübingen 1990

Siebert, Horst: *Der Kobra-Effekt. Wie man Irrwege in der Wirtschaftspolitik vermeidet*, Stuttgart/München 2001

Sinn, Hans-Werner: *Ist Deutschland noch zu retten?* München 2003

Smith, Adam: *Der Wohlstand der Nationen. Eine Untersuchung seiner Natur und seiner Ursachen*, München 1978

Steingart, Gabor: *Deutschland. Der Abstieg eines Superstars*, München 2004

World Economic Forum: *The Global Competitiveness Report 2003–2004*, New York 2004